U0461433

教育
常识

COMMON SENSE 的 IN EDUCATION

许凌可 著

重庆大学出版社

正言若反

——《道德经》第七十八章

序

—

愿常识如优美乐章
点亮每一个教育日常

李 斌

蒲公英教育智库理事长
新校长传媒总编辑

教育的基本常识，是一份难以把握节奏的育人交响乐谱。

常识如同音符，每一段成长的乐章是否优美，取决于作曲家、演奏者是否真正地理解了常识，驾驭了常识，在生命动态的需求与情感中守住了从常识出发的基本韵律，又根据不同主题的需要演绎了变化无穷的乐章。

什么是常识？顾名思义，是指古往今来、四海之内，人与人之间普遍存在的日常共识。然而这份基本共识并不天然地内生于人的本能之中，恰恰相反，它常常因欲望的本能被扭曲，被遮蔽；又常常因良知的突围被看见，被重拾。

常识生于日常，然而今天的教育常识并未照亮每一个教育日常。

　　人的生命发展是百年的成败，但大多数育人者总是拿着一周、一月、一年、三年的单一胜负，来确立我们的教育行为；他们对过度功利、纯应试的教育也许心中并不认同，却又被眼前的得失牵动，加入其中，甚至推波助澜——归根结底，是心中没有常识，或者对常识理解不深，所以坚持无力，演绎无方。

　　通过重塑、提升教育常识来改进教育，正是许凌可校长这本专著的着眼点和大智慧。

　　当许校长选定"常识"一词与读者沟通的时候，我们可以体会到这个关键词在他心中的分量——看似平淡无奇，却有着大巧不工、重剑无锋的力量。

　　前不久，在评价改革开放为何取得巨大成功时，有人总结了三条经验——"尊重常识、顺应规律、尊重人性"。常识，被排在了第一位。可见，常识基于人与社会的价值看似朴素，却足以排山倒海。

在这背后，是怎样的"常识动力学"机制？

翻开托马斯·潘恩（Thomas Paine）的名著《常识》，我们或许可以找到一些答案。

提供判断标准：常识是一种普遍的、直观的智慧，能在我们遇到复杂和模糊的情况时，提供一个清晰的判断标准；

突破传统偏见：常识可以让我们看到事物的本质，帮助我们不断突破传统观点和偏见；

增强自主自信：常识赋予我们一种自信和独立的思维方式，使我们能够依靠自己的判断，不盲从权威。这种自主性和自信心是实现个人和社会进步的关键。

优化行动方案：常识不仅能帮助我们做出正确的判断，还能指导我们的实际行动。通过常识，我们可以识别最佳的行动方案，并采取切实可行的步骤来实现目标。

推动社会进步：常识能够使我们认识到社会现状的问题和不足，督促我们采取行动，推动其进步。

回顾历史，我们不难发现，人类的进步就是一个个不断告别懵懂、建立常识，并不断用新常识迭代旧常识的过程。如伽利略的出现，带领我们从"地心说"进入到"日心说"，爱因斯坦则又启发科学界从牛顿力学进阶到量子力学……

教育同样如此，从"以教师为中心"到"以学习者为中心"，从"教材就是世界"到"世界才是教材"，从强调技能到追求素养，从全面发展到全面而有个性的发展，从"把孩子交给学校"到家校共建育人生态……一次次的教育常识更替如同生命成长航道上的一座座新航标，重构了一间间教室、一个个家庭的日常。

本书中呈现的二十一个常识，不仅是许凌可校长二十多年一线教育经验的结晶，还是他四年多写作中的沉淀与反思。希望读者能从这些常识中，得到新的价值判断、自主自信、行动方案。

只有更多的人以这些常识为锚点，回归教育本质，整个社会才能解决"全员性焦虑和全局性迷茫"，不断进步，走向更健康的生态。

愿常识如优美乐章，点亮每一个教育日常。

自序

回归教育常识

许凌可

　　在教育一线工作二十多年，经常有家长或朋友找我咨询各种"疑难杂症"。在这些家长中，不乏企业高管、医生、律师、教授等高知人群。在职场，他们常常运筹帷幄，带领团队赢得一个又一个的胜利，而在孩子教育这件事上，他们却节节败退，束手无策；他们能够赢得同事甚至对手的尊敬，却无法在自己孩子那里获得尊重。"能把企业带上市，却不能把孩子带上道"成了部分家庭的梦魇，而他们苦心经营的家，有时也成了孩子最想逃离的地方。

　　他们的孩子遇到的问题各不相同：或沉溺于游戏，或目中无人，或懒散"躺平"，或享乐攀比，或自私冷漠，或对一切都无所谓，或有暴力倾向，或焦虑抑郁……这些问题出现的时间也在不断提前，曾经集中在青春期以后遇到的问题，现在已经提前至小学阶段。然而，所有的问题通常都会指向三大教育难题：动力缺失、敬畏之心缺失和规则意识缺失。当这"三大缺失"成为比较普遍的现象时，我们就不得不承认：问题的根源不在孩子，而在家庭、学校、社会。家庭教育、学校教育、社会教育和自我教育是教育的四个维度，越是在孩子成长的早期，家庭、学校和社会越是起到决定性的作用，并形成因果关系，影响着孩子的一生。从这个意义上讲，有什么样的教育就有什么样的孩子。

中国孩子的成长史，也是一部中国家长期望值"高开低走"的撤退史和放弃史。从孩子出生时"我只要他健康快乐"，到"不让孩子错过任何可能"，再回到"我只要他健康快乐"就好。

"焦虑"成了众多家长的新常态。奥数、英语、幼升小、小升初、高考、留学，孩子的就业、婚恋、生子，与孩子相关的每一个维度、每一项内容，都可能引发家长的焦虑。在"感到焦虑"这件事情上，家长们罕见地达成了共识。经过"焦虑共振"后，被放大的焦虑裹挟着剩余不焦虑的人，最终出现了全员性教育焦虑和全局性教育迷茫。

过去二十多年，中小学家长的学历越来越高，见识越来越广，对孩子投入的精力越来越多，为什么孩子出问题的概率不仅没有随之降低，反而呈明显上升之势？教育领域汗牛充栋的研究和探索，为什么还是解决不了教育最基本的问题？我套用一句名言"Stupid！It's the economy."来回答这个问题："It's the common sense."——醒醒吧，我们缺的不是更高深的理论和更具体的指南，我们缺的是教育的常识。教育的常识，不是更高深的理论，而是教育的底层逻辑；不是更具体的方法和指南，而是人人都可以理解的价值主张。我们的许多教育认知和教育行为都违背了教育常识。

本书聚焦二十一个教育基本常识，包括家庭教育、学校教育、社会教育、自我教育四个维度。每个常识都来自一类典型的真实教育案例，每个常识的背后都有一个潜在的教育误区。比如，在"别让亲子关系成为孩子最大的负担"一节，阐述的常识是"家"也可能会变成他最想逃离的地方；在"健全家庭未必'健全'"一节，传递的常识是家庭形式上的健全不等于实质上的健全；在"当教育变成'服务业'，最终受损的是孩子"一节，传导的常识是："商业的本质是迎合，教育的本质是改变"。这是一本写给中国中小学家长的书，同时也是写给中小学教育从业者和学生的书。因为不想写一本注定会被"束之高阁"的书，于是用了四年时间，几易其稿，想让这本书既有价值，又有意思；让这本书看得进去，看得下去，经得起时间的检验，体现真正的洞察。

"正言若反"这句话出自老子的《道德经》，意思是：正确的观点，常常不被接受；相反，错误的观点反而更容易被大众接受。教育没那么难，因为教育的常识并不复杂；教育很难，因为我们经常背离教育的常识。

告别焦虑，这一次，就从这二十一个教育常识开始。

Contents

目录

第 3 章 chapter 3

第 4 章 chapter 4

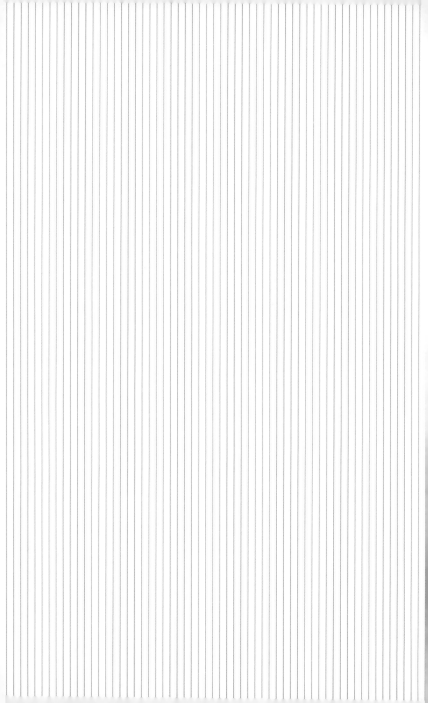

第1章

当下的基础教育充满了各种悖论。努力"卷"的父母，一心想要扶起只想"躺"的孩子；对孩子倾尽所有的家庭，辛辛苦苦养出了冷漠、自私，把父母当"仇人"一样的后代。多少父母对孩子"不计回报的爱"，成了子女最大的负担。"家"这个原本温暖的港湾，成了不少人想要逃离的地方。

须知，"不计回报的爱"本就是个错误；没有敬畏，教育就不会持续发生，对孩子的好，过犹不及。

再"卷"的家长，
也扶不起想"躺"的孩子

一个常识

解决好"动力"问题，
就解决了一半的教育问题。

教育观点

教会一群人造船的最好方法，是点燃他们内心对大海的渴望。我们目前教育困境的原因之一是"越位"：家长和教师过于主动地越过了自己责任和权力的边界，留给孩子的自主领域越来越小。家长和教师的主动，逼迫孩子选择被动。孩子的成长，从主动思考、主动提要求的"甲方"变成了被动满足家长和教师需求的"乙方"。

我们常常看到这样的新闻：为辅导孩子写作业，有家长情绪激动心梗住院的，也有家长被气到捶桌子捶到骨折的。不做作业母慈子孝，一做作业鸡飞狗跳。情绪失控、血压飙升、情绪崩溃、亲子关系破裂似乎成了"辅导作业"的"标配"。尤其是看到孩子"叫不动""磨洋工""不动脑""学不会"时，父母们会原地失控。甚至还由此诞生了一个网络新词——恐辅症：形容父母辅导孩子作业就像渡劫，一辅导就情绪失控、血压上升的一种当代疾病。

大部分教育问题，都是动力问题

那些让父母因辅导作业而崩溃的孩子，年龄、性别各异，性格、成绩也各不相同，但却有一个共同点：不管父母如何充满热情，他们对学习却总是一种被动的状态。他们的背后都指向一个共同的话题：动力缺失。学习对他们来说，不是"我要学"，而是"要我学"，大多数时候，他们都只是被动地接受父母的安排。

这样的"被动学"并不只在小学、初中的孩子中出现。每年高考后，不少学校都会出现高三学生撕书的情况：学生们将平日里反复翻看的课本、反复练习的试卷、自己一笔一笔整理的笔记，全都狠狠撕掉，甚至出现集体撕书狂欢的景象。在这些学生看来，学的目的只是考试，如今考试结束了，自然也就"不用再学"了。他们很多对学习并没有发自内心的兴趣，甚至讨厌、厌恶学习。他们对学习没有自发的动力。

吴军在《大学之路》中讲述过这样的一个故事：

他在约翰斯·霍普金斯大学做助教时，辅导的课程常常有近百人，班上大约有1/3的学生是亚裔，他们进入大学时的平均成绩应该比其他族裔高不少，但是这些学生中表现突出的并不多，很多都学得比较被动。反观其他族裔的一些孩子，一方面虽然有不少成绩实在令人看不过去的（还遇到过期末考试得零分的），但是另一方面却有相当多出类拔萃的，他们学习非常主动，对所学的学科非常有兴趣，也愿意花更多的时间投入到学习中，且成绩优异。吴军说，那种对所学学科感兴趣、愿意花时间的现象，是他在亚裔子女甚至一些名校本科生的身上都很难看到的。

当学习"只是为了完成父母交代的任务，是为了父母学，是应付即将到来的考试，而考试的终极目的是不再学习"时，我们很难期待孩子们会在大学，以及大学毕业后还会坚持学习。他们没有找到自己的兴趣，没有找到能让自己激动的、不顾一切去投入去奔赴的目标或梦想，而没有兴趣、没有热爱，学习自然就不会持续发生。

补课，补不上缺失的动力

动力缺失的后果之一就是学习成绩难以提升，面对这种情况，很多家长把补课当作良药。但我们需要问一句，补课真的有用吗？

对于这个问题，国内不少学者都做过相关的调查研究。例如，清华大学教育研究院的张羽等人针对北京市某初中的研究发现，小学一年级参加语文或者数学课外补习，会对初中相应学科的初始成绩产生消极影响。小学高年级参与补习，能在一定程度上提高学生初中的初始成绩，但对初中三年的学业增长速度有消极影响。在对全国数千名中小学生进行追踪调查数据分析之后，天津师范大学副教授孙伦轩等人在《课外补习的有效性——基于中国教育追踪调查的估计》研究中得出结论：课外补习并不是提升学业成绩的"快车道"，甚至显著地降低了初中生的标准总成绩。

补课像是在"饮鸩止渴"，短期看似有效，但长期来说不仅无效，甚至有害。孩子可能会形成一种路径依赖和错觉。有补课老师的存在，孩子就可能会浪费在学校的课堂时间，错过在课堂上进行思维训练和知识构建的黄金时期，心想反正自己课后有老师可以补习，甚至出现作业拖延、听课效率低下、无法有效管理学习时间等问题。原本可以通过在课堂上高效专注地听课，通过笔记、结构化思维、错题集、复习、预习等良好的学习习惯就可以获取的知识，现在却需要额外的课后补习来获得，看似有效，实则本末倒置，得不偿失。

面对孩子在补课中出现的"抗药性"，很多家长的做法是加大"剂量"，让孩子更长时间地补课，甚至周末无休。大班上课效果不行，那就小班补习或者一对一补习……这样一来，不仅孩子疲惫不堪，家长也身心俱疲。有的家长明知补课无效，但依然坚持让孩子补，补课成了家长的一种自我心理慰藉。"送孩子补课"这个动作，让他们觉得自己在孩子教育上不是无所作为，让他们觉得自己已经尽心尽力。至于孩子在补课过程中究竟收获了成绩还是对学习产生更多的厌倦，似乎已经没那么重要了。

让孩子主动持续追求进步的唯一方法是让孩子拥有自驱力，而不是补课。如果我们把孩子的学习和生活比作一艘船，那缺乏自驱力的孩子就像一艘失去动力系统的船，随波逐流。他的前行只能靠家长们没日没夜地下水去推，推的方向也只能是父母所期望的方向，而不是孩子自己的方向。父母不光自己跳进水里推船，还雇佣一群人一起跳进水里推船，短期内，只要推船的人够多，推船的力量够大，这艘没有引擎的船也可以高速跑起来。一旦来自父母或外界的推动力消失，这艘船又将失去动力，甚至更糟。

请记住这么一句话：教会一群人造船的最好方法，是点燃他们内心对大海的渴望。只有当一个孩子的内心真正燃起某种渴望，渴望去实现某个目标，憧憬着某种有意义的生活，明白学习是通往目标"最佳的方式"时，他们才会有内驱力。

3个方法，让孩子更有动力

方法1：让孩子多接触有趣的灵魂，真正去探索这个世界。

有一句话大家一定很熟悉："教育就是一朵云推动另一朵云，一棵树摇动另一棵树，一个灵魂唤醒另一个灵魂。"那什么样的灵魂才能唤醒另一个灵魂呢？任何灵魂都可以唤醒另一个灵魂吗？不，通常是一个有趣、有意义的灵魂，一个让孩子仰望、佩服和向往的灵魂，才能唤醒另一个灵魂。

大多数孩子的学习，都是通过学校实现的。但很多至关重要的话题，却在学校教育中普遍缺失：我们要成为什么样的人？未来要去往什么样的地方？要为这个世界做些什么？这些问题，学校里书本里往往都没有答案，做题也不会让答案清晰显现。但这些问题又非常重要，是孩子的动力源头。

让孩子多去了解真实的行业，多接触一些有趣的灵魂，可能才会有答案。往往来自身边人的影响才是最有力量的，可能就因为某个人的一句话，或者某个人的励志经历，孩子就此被点燃。

方法2：把握好"对孩子控制"和"让孩子自治"之间的度。

最极端的情况是，如果什么事情都是你说了算，你把他的一切都安排好了，早上什么时候起床，什么时候学书法，什么时候学马术，全部是你的选择，而不是他的选择，他不需要操心任何一件事，也不需要自主地去决定任何一件事，那这样的孩子一定是没有动力的，因为他不需要发挥自己的自主性，也没有空间发挥。这是我们很多中国家长的共性，包办了很多原本应该由孩子们自己掌控的事情，不太尊重孩子的自主意愿，甚至父母们将这种操控延续到了孩子们成年，孩子什么时候结婚，想不想结婚，都在父母的干预之下进行。

相反，在不该把决定权交给孩子的时候，在孩子3岁、5岁没有分辨能力的时候，很多家长却说"我们家讲民主，听他的"，把很多重要的事和原则的决定权交给孩子，在孩子没有能力和智慧作决策的时候，让他作决策，弄错了"家庭民主"的界限和度。有时候，作为父母我们需要反思，我们在孩子面前是否在无限妥协，以至于放弃原则？或者处在另一个极端：

对孩子进行粗暴管理、横加干涉，搞得亲子关系苦不堪言？

方法3：重视意义感，赋予孩子所做的事情一定的意义。

很多时候，学校教育和家庭教育都会出现同一个问题，我们只是给他布置一个任务，我们从来没有讲过做这件事有何深层次的意义。可能的原因是，我们要么是不想去讲，觉得孩子还小，他听不懂；要么是自己也没想清楚，难以讲清楚这些事情背后的意义在哪里。比如，当我们告诉孩子，你今天走这1000步捐献出来可以变成一棵小草去治理沙漠的时候，也许孩子就会更愿意去完成1000步的运动量，这就是赋予意义感。可以说，意义感是一个人成长和找到动力最佳的方式之一，是一种非常好的教育方式。

家庭的噩梦：
辛辛苦苦把孩子培养成"仇人"

一个常识

没有敬畏，教育不会持续发生。

教育观点

缺乏敬畏之心，是让教育成为"教育问题"的又一大原因。两代人，全心全意、辛辛苦苦地把孩子培养成冷漠的人，甚至仇人，正在成为不少家庭的噩梦。孩子敬畏之心的缺乏，根源在父母长辈。对孩子无限宠溺，是让孩子缺乏敬畏之心的最重要原因。而另一个原因则是，一个缺乏敬畏之心的孩子背后，通常有同样缺乏敬畏之心的父母。

朱熹在《中庸注》中说：君子之心，常存敬畏。但在当下，可能我们正在失去此传统。

深圳，一名老人带孙子坐上电梯并按下楼层后，小男孩就来到电梯按键旁多次按电梯楼层和开关门按键，随后，按键灯全部熄灭，两人也被困电梯内半小时。十多岁的小男孩因为母亲不允许自己玩手机，而当街飞踹妈妈。初中生在课堂上用手机玩游戏，老师发现后将其手机没收，不料男生竟不依不饶对老师动手，两次对老师"锁喉"。这些让人错愕的新闻，频频登上热搜。

当然，生活中没有那么多的极端情形。更常见的中国式家庭场景是，小孩在家里说话放肆、无礼，对着父母长辈肆意发脾气，肆意妄为，俨然一个"小霸王"。在这些孩子身上，我们没能看到敬畏之心。孩子缺乏敬畏之心，正在成为家庭教育面临的另一个问题。

何为敬畏之心？所谓敬畏，即尊敬与畏惧，是人对待世间万事万物的一种态度。对他人、社会、自然心存敬畏，就不会为所欲为。一个人只有心存敬畏，才懂得凡事适可而止，才会走得远，走得稳。

现实中，很多人也因为缺乏敬畏之心而走过很多弯路。"抢夺公交车方向盘""拦高铁""霸座""蹬前排座椅后背"

"踢坏电影院IMAX巨幕"等行为，是缺乏敬畏之心的体现，也意味着要付出某种代价。对学生群体而言，明显的敬畏之心缺失的表现无疑是考试作弊、学术造假等不端行为。

《2023留美中国学生现状白皮书》指出，在美国被劝退的中国学生中，有近一半（47.9%）的学生是因为学术不诚信而被劝退，学术不诚信包括考试作弊、代写作业论文、剽窃抄袭、数据造假等不端行为。2023年11月，剑桥国际考试局在官网发布通知宣布，A-Level大考在中国泄题，导致部分考试成绩无效，这让无数清白学生的努力和付出功亏一篑。这不是个案，类似的事件屡见不鲜，这都体现出一些学生对规则、对知识、对这个世界缺乏最基本的敬畏之心。

为什么会这样？为什么那么多的孩子缺乏敬畏之心，做出一些有违常理、道德，甚至法律之事？答案来自于我们的家庭和社会。

无节制的爱，是敬畏之心缺乏的根本原因

因为生存的需要，人类在进化过程中形成了"自私性"，让人性中有了"冷漠"的种子。无节制的爱让这些种子发芽、生长。孟子的"性善说"和荀子的"性恶说"，并不是不可调和的矛盾，而是我们人性中的一体两面。人之初，人性中住着

一个天使和一个魔鬼。最终是天使一面战胜魔鬼一面，还是相反，取决于我们用什么去喂养它们，去约束它们。无节制的爱，通常会适得其反，它会滋养人性中的自私和冷漠，进而使孩子失去敬畏。"升米恩，斗米仇"的现实不只是出现在邻里朋友之间，也出现在了亲子关系之中。

可以说，父母长辈对孩子的无限宠溺，是让孩子缺乏敬畏之心的最重要原因。当然，这有些老生常谈。重点是，为什么他们会对孩子无原则的宠溺？这是一个值得探讨的问题。我想有以下几个原因：

首先，可能是父母们缺乏相关的教育意识，不知道什么才是真正地对孩子好，不知道什么才是正确的教育方式。爱是本能，但教育的智慧需要后天刻意的学习。而从老一辈们那里耳濡目染的"传统"育儿经验，也难以应付当下飞速变化的时代。衣食无忧的生活，电子产品、短视频、游戏的无处不在，各种观点、价值观、流行文化的冲击，每一项都是对孩子成长的诱惑与挑战。面对这一切，父母剩下的唯有内心本真的爱。

其次，很多父母可能想通过对孩子的宠溺来弥补自己曾经的遗憾。我们常说很多父母对孩子有高要求，是因为他们想通过孩子来实现自己再无法实现的遗憾。这种遗憾可能体现在某种目标上，也可能体现在某种生活上。也许那些自己小时候没有玩具、漂亮衣服的家长，会给孩子买数不清的玩具和漂亮衣服。又或者小时候被棍棒教育出来的父母，觉得自己的童年时代就是炼狱，所以他们对以后的自己发誓，一定要让自己孩子的童年在"牛奶与蜜"的环境下成长。

溺爱也可能是父母对孩子的一种补偿。缺少对孩子的陪伴，那就用更多的物质去补偿，缺少在孩子教育上的参与，那就用补习班去弥补。如果物质补偿还不够，那就放松很多原则、规则，只要孩子高兴就好。

最后，可能是受社会变迁和文化冲击影响。中国几千年来的"大家长制"在当下逐渐消失，曾经的大家庭变成了一个个独立的"原子"家庭，以往需要通过"尊卑有别，长幼有序"，以及各种礼、孝文化来规范维持的大家族运行秩序的背景消失了，人们心中的权威也消失了。现在，通过婚姻和直系血缘而确立起来的小家庭，极为稳定，不再需要过去那一套繁缛、克制的敬畏文化，而爱是小家庭内最好的营养剂。另外，尊重个性、释放天性、自由生长、独立的个体，这样的观念在大众的认知里成为一种常识。在这个过程中，很多父母也许并不真正清楚，也没有系统去学习到底何为真正的尊重个性、释放天性，往往简单地等同于让孩子野蛮生长，无拘无束地生活，肆无忌惮地言行。

为人父母，反思一下自己的"敬畏之心"

一个孩子的性格、品行深受其家庭环境或父母为人处世的影响。一个缺乏敬畏之心的孩子，背后可能是缺乏敬畏之心的父母。

现在，家长中流行一种"犬儒主义"。如何理解这种"犬儒主义"？它有一点像虚无主义，看不到很多事情的丰富内涵和意义。对很多成人而言，一个人成长的过程就是失去崇高理想，变得越来越世俗的过程，美其名曰成熟，看清社会和生活的现实。他们慢慢地不再相信这个世界上有美好的、崇高的、超越物质的东西值得追求。如果还有人相信纯真、理想的话，他们会觉得那些人是单纯幼稚，不够成熟。

在这些家长看来，一切都可以用金钱和利益来衡量，没有什么是不可以坐下来谈的，绝大部分问题都是可以用金钱利益来解决的，如果不行，那可能只是价格还不够高。只要荷包是鼓的，腰杆自然是直的，凭着这样的有恃无恐，也就难以产生真正发自内心的敬畏心了。于是，我们看到很多孩子在学校闯了祸，对别人造成了伤害，父母的第一想法和做法就是花钱摆平，息事宁人。在他们眼中，能用钱解决的问题都不是大问题。

"贪、嗔、痴、慢、疑"中的"慢"和"疑"，在一些高知、精英、成功人士身上比较常见。他们可能是某些领域的资深人士或专家，有过很多失败或成功的经验，觉得自己完成了人生的某种升华，也可能觉得探寻到了行业的规律和生活的真谛。也正因为如此，可能会带来一种认知偏差，误以为自己真的掌握了人生和事业的"密钥"，误以为自己所在领域的经验可以指导其他领域，比如教育领域。这种偏差和错觉带来一种不自觉的傲慢之心，其最大的问题可能就是缺乏对教育规律的尊重，自以为是地干预孩子的成长，甚至在日常的一言一行之中，在孩子面前，不经意间透露着对学校、老师缺乏基本的尊重，质疑老师的专业和权威。

在此种种环境下耳濡目染，孩子的敬畏之心从何谈起呢？

曾有一位读者给《想念史铁生》写过一段书评：十三四岁的夏天，在路上捡到一支真枪。因为年少无知，天不怕地不怕，他扣下扳机。没有人死，也没有人受伤。他认为自己开了空枪。后来他三十岁或者更老，走在路上听到背后有隐隐约约的风声，他停下来转过身去，子弹正中眉心。

这里的"枪"和"子弹"，你也可以解读为缺乏敬畏之心的言行及其带来的后果。

健全家庭未必"健全"

一个常识

形式上的健全，不等于实质上的健全。

教育观点

判断一个家庭是否健全的标准，不是家庭成员是否完整，而是看家庭文化是否正向积极，家庭功能是否完整，看它能否在孩子心中搭建一个"安全基地"，为孩子提供一个良好的家庭教育所需要的环境。

高考后出现的离婚潮，简称"考离潮"，是指为了不影响孩子高考，很多原本感情破裂，早就有离婚打算的夫妻，会互相忍耐，继续扮演"正常夫妻"（如果无法扮演"恩爱夫妻"），直到孩子高考结束，才把"真相"告诉给孩子，于是就出现了高考后"扎堆离婚"的现象。等孩子高考完再离，成为一些婚姻的最后共识。

在养育孩子的过程中，我们常常执着于给孩子一个"健全的家庭"，认为只有"健全的家庭"才是对孩子负责，才能让孩子健康成长。我们担心"不健全的家庭"会对孩子造成难以磨灭的伤害。而在评判一个家庭是否"健全"时，我们通常的标准为：是否单亲家庭，是否经历离异重组。在很多父母看来，哪怕夫妻感情不在，但只要家庭还保持"形式上的健全"，对孩子也是好的。

家庭的"外观"没那么重要，重要的是氛围

儿童心理学家奥布莱恩曾尖锐地指出：那些为了保护孩子而假装婚姻状况完满的家长最终只能是徒劳无功，孩子们对家长的变化是很敏感的。如果婚姻已经破败的父母不告诉孩子真实状况，而是假装无事发生，其实是在制造一个不坦诚的家庭氛围，会为孩子们的余生埋下更大隐患。

1991年，美国儿童心理学家在全美抽样了13000多名有心理问题的孩子，对他们的心理和家庭状况进行研究。研究发现，有76%的问题孩子来自婚姻结构完整但充满矛盾的家庭。在这份研究报告的结尾，心理学家们写道：不要太注意家庭的外观及形式，最主要的，是注重家庭里特有的，充满了爱、温

暖与明朗的气氛。

我们总以为，让孩子受到严重伤害的是"离婚"这个举动。但实际上，离婚只是一种结果，在婚姻结束前还要经过一系列漫长的"离婚前经历"，父母在这段"离婚前经历"中的拉锯、撕裂，以及离婚后对孩子的态度，才是真正伤害孩子的罪魁祸首。很多孩子真正害怕的并不是父母离婚，而是害怕面临一个糟糕的家庭环境，无休止的争吵才是他们最想逃避的。

离异家庭并不是"不健全家庭"的代名词，形式上完整的家庭，并不必然意味着家庭温馨和谐。真正决定一个家庭健全与否的，不是形式的完整，而是氛围的良好。因此，我们看到离异的家庭也可以是"健全家庭"，培养出乐观积极的孩子，同样，表面上"健全"的家庭，也可能出现"不健全"的孩子。

看似完美的父母分工，实则是教育的割裂

在现实生活中，我们常常看到很多"形式健全"但"功能不健全"的家庭。很多父亲忙于事业和工作，很少有时间关心孩子的生活、学习和成长。于是，我们总会看到妈妈早上焦急地叫醒孩子、做早饭、送孩子上学一气呵成，放学接、辅导作业、检查作业、哄孩子睡觉一条龙服务，每个妈妈都像被架在热锅上的蚂蚁，忙得焦头烂额，爸爸却"不知所踪"，成了

家庭中的隐形人。于是，"缺位的父亲，焦虑的母亲，无所谓的孩子"成了现代很多家庭的写照。

中国青少年研究中心"当代中国少年儿童发展状况调查"的数据显示：中国爸爸已经成了孩子成长中的"奢侈品"，"没时间陪孩子""教育孩子是妈妈的事"已经成为普遍现象。国内首份《中国家庭亲子陪伴白皮书》中的调查数据也呈现了相似的结果：母亲陪伴为主导的家庭占55.8%，父亲和母亲陪伴一样多的家庭占16.5%，而以父亲陪伴为主导的家庭仅占12.6%。

父母亲家庭分工上的割裂，让越来越多的爸爸正在成为陀思妥耶夫斯基《罪与罚》中的那位父亲，为了家庭的生计尽心竭力，但他们的爱对于孩子来说，却如同雾水，成为家庭关系中"影子式"的角色。

除了父母亲分工上的割裂，很多家庭还存在给予上的割裂。在这些家庭中，我们看到父母在物质上无限度地满足孩子，而情感上的滋养却可能并不合格。不少父母忙于工作、事业，没有时间陪伴孩子，他们内心充满了内疚感，从而在物质上对孩子无限度地满足。此外，还有关注度上的割裂。内卷时代，很多父母对孩子的学习无比焦虑，他们过于关注学业、分数、考试、过级，而忽视了孩子其他方面的需求，忽视了孩子真正的兴趣爱好。

来自恒河猴的启示：在孩子心中搭建安全基地

既然家庭形式上的健全并不意味着真正的健全，那么，什么样的家庭才是真正"健全的"呢？20世纪50年代末，美国威斯康辛大学动物心理学家哈里·哈洛用恒河猴做了一系列实验，对当代的育儿理论产生了极大的影响，或许能给我们一些启发。

哈洛将刚出生的小猴子和猴妈妈及同类隔离开，用一个铁丝母猴和绒布母猴来代替，铁丝母猴胸前挂有奶瓶，绒布母猴则什么都没有。令人惊讶的事情发生了：小猴子只在饥饿的时候才到铁丝母猴那里喝几口奶水，其他更多的时候都是与绒布母猴待在一起。在满足基本的生存需求之后，小猴子更愿意跟柔软的绒布母猴在一起。

但后来哈洛发现，这些由铁丝母猴和绒布母猴抚养长大的猴子性格极其孤僻，不能和其他猴子玩耍共处，有的甚至出现了孤独症的症状。于是哈洛对实验进行了改进，他制作了一个可以摇摆的绒布母猴，并保证小猴子每天都会有一个半小时的时间和真正的母猴一起玩耍。改进后的实验表明，在这样的环境中长大的猴子基本上正常了。在哈洛的实验中，其他都没有变，变的只是绒布母猴能够摇摆，可以跟小猴互动，以及小猴每天与猴妈妈度过的一个半小时的"亲子时光"。这些陪伴让小猴子感受到了爱，在小猴子的心中搭建了一个安全基地，从而让小猴子的性格由"孤僻"变为"正常"。

从哈洛的实验中，我们可以提取一些让小猴子正常成长的关键词：互动、陪伴和爱。而这些也正是我们认为一个健全家庭应该拥有的：家庭能否给孩子足够的互动、陪伴和爱，父母是否能够在孩子心中搭建一个安全基地，这些决定了孩子们能否在心理上和精神上健康成长。

在孩子小的时候，这个安全基地更多的是由父母来承担。父母的亲密接触、及时回应、游戏、拥抱等行为，都是在给孩子的心中建立一个安全基地，让孩子感觉到：我是重要的，也是值得的！这个安全基地让孩子有信心去冒险，学习与调整对自己、他人和世界的看法，更好地适应未来的各种关系。安全的关系会让孩子感到安全，也会让他们愿意给别人以支持，积极正向地解决冲突和困难。

健全家庭不是没有问题和冲突，事实上，他们面临的问题和不健全家庭的问题一样多。不过，这些问题在健全的家庭中不被视为"你的问题"和"我的问题"，而是"我们的问题"。当问题出现时，每一个家庭成员的参与不是为了指责别人，让问题和冲突扩大，而是为了共同解决问题。

"我只要他健康快乐"
错在哪里？

一个常识

高分难，"成功"难，健康快乐最难。

教育观点

成绩除了与努力有关，更与天赋相关；世俗意义上的"成功"，即财富与名利，除了与天赋、努力相关，还与运气等非人为因素相关。父母世俗的成功并不必然带来自己和孩子的健康快乐，在许多案例中，父母的成功甚至成为孩子不健康、不快乐的原因。因为健康快乐尽管与物质相关，但更与生活方式相关，与人际关系和家庭氛围相关，与精神追求相关，与人生的意义相关。

当谈到对孩子的期望时，很多人说："我对孩子没有要求，只要他健康快乐就好。"这句话的问题在于"只要"。背后的潜台词是，好像实现健康快乐是一件挺简单的事儿，比拿高分、考名校、取得功名成就要简单容易得多。

但事实是，想要取得高分很难，想要取得世俗上的成功也很难，"健康快乐"那就更难了，因为健康快乐不是退而求其次的选择，对孩子没有要求并不意味着能换来健康快乐，相反，它需要学生在自我认知、自我实现、内驱力、生活力、人际交往、抗挫折、抗压力等方面的有意培养，健康快乐正在成为一件非常难做到的事。

在我们这个物质丰盈的时代，很多孩子却在很多方面表现出脆弱、疲惫、不健康、不快乐。

高分或成功很难

很多家长把成绩的好坏归结于孩子是否足够努力，如果成绩不理想，那就是努力还不够，用在学习上的时间还不多，补习班上得不够多，那就继续加码。其实家长们应该清楚一件事，任何一件事的成败都是诸多因素共同作用的结果，刻苦程度、补习班、投入的时间、老师的教学水平、学习方法习惯、天赋等都是影响学习成绩的因素。其中很多因素是无法由家长意志决定的，即便你给孩子周末报满补习班、每天晚上督促孩子学习到深夜12点，如果孩子没有内驱力、不够自律，也只是身在曹营心在汉。家长更无法决定孩子的天赋。

在这里，我并不是想说家长们对此就无能为力，而是想说想要取得高分是一件很难的事，它是一个多因素综合作用的结果，天赋、系统的学习方法、持续的努力以及有效的解题技巧等都对获得高分至关重要。

但现实是，很少有学生同时在这些方面具有优势，也注定了我们大部分的孩子属于"正常水平"，这可以通过高考分数的统计看出一些端倪。下图是2023年重庆高考（物理类）分数

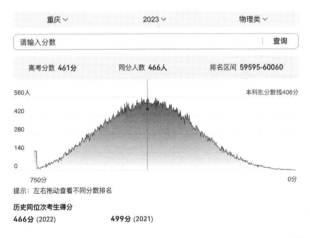

数据图源：掌上高考

的分布，其统计呈现几乎就是一个正态分布，正态分布意味着只有极少数的学生能够取得很高的分，比如2023年达到重庆大学录取分数线的理科学生只有8.31%，而能上中国C9大学的人数只有1.82%，已经属于小概率事件。

同样的道理，未来孩子们在人生事业上的成功，依旧由很多因素决定，依旧艰难。一个人想要获得持续的成功而不是碰运气，至少受到十几种因素影响：目标感、努力与坚持、知识技能、决策能力、适应能力、人际关系、情商、创新思维、领导力、风险管理、道德价值观、健康、学习能力、资源利用，还有运气。不要小看运气的作用，康奈尔大学经济学教授罗伯特·弗兰克专门写了一本《成功与运气》，他用自己的生活经历以及一些系统研究的结果来说明运气在成功当中的重要性。

正因为如此，当家长们看到这一切都如此之难后，就开始变得佛系，不需要孩子有那么好的成绩，不需要孩子将来做出多大的成就。许多中国孩子的成长史，就是家长期望值高开低走的放弃史，从数理化到琴棋书画逐渐放弃，最后，我只要他健康快乐就好。常常此时，孩子既不健康，又不快乐。

越来越多的"忧伤的年轻人"

无论发生在身边的例子，还是来自互联网和权威机构的数据，都在表明一个很严峻的事实，我们的孩子正在变得越来越不健康，越来越不快乐。

首先是抑郁症高发。《中国国民心理健康发展报告（2019—2020）》显示，24.6%的青少年有不同程度的抑郁，高中阶段的抑郁率接近40%，其中重度抑郁率为10.9%～12.6%。抑郁水平随着年级升高而提高。再结合我自己接触到的案例，抑郁症或情绪健康的发病越来越低龄化，越来越多地在初中，甚至在小学四年级开始出现。

其次是普遍的心灵脆弱。心灵脆弱的最极端情况就是，有孩子因为遭遇一次批评或小挫折，因为玩手机而被老师父母批评，就选择轻生，近年来这种悲剧屡见报端。更普遍的情况是，面对外界的批评，哪怕是善意的提醒或建议，也难以做到正确地认识，理性地接受，产生严重的"精神内耗"。

值得强调的是，心灵脆弱背后的原因很大程度是，当下父母长辈对孩子过度保护。很多孩子像温室的花儿一样被保护起来，给足了阳光、空气、温湿度，唯一缺少的就是真实的风雨。家长们有个误区，认为凡是那些挫折、危险、痛苦、失败，只会让孩子更脆弱、更受伤害。不要跑，不要摔跤，不要参加容易受伤的运动，不能惩戒，不能批评，不能失败，无论是身体还是心灵，孩子们都被保护得太好了。但保护得越好，身体和心灵就越脆弱。

事实上，有必要让孩子们去经历一些"苦难""痛苦"。可乐、快餐、游戏带来的多巴胺快乐并无多大意义，甚至成瘾。相反，克服困难后的喜悦和内啡肽的快乐才更让人感到持久的精神愉悦。在挑战极致困难的过程中，获得对自我的真正认知，认识到困难和挑战是生活的常态，是世界的真相之一，只有在困难挑战中为自己寻得某种意义才能够勇敢地生活，人生没有意义感才是真正的痛苦之源。

不要担心孩子的承受能力，他们比我们想象的勇敢。塔勒布在《反脆弱》一书中就指出，和肌肉骨骼只有接受刺激和锻炼才会更强壮一样，孩子也是反脆弱的，外界必要的刺激、小剂量的痛苦、挑战、挫折、压力等，是孩子学习、适应和成长的必要条件。所以在未来，家长和学校应该加大孩子们的挫折教育，有意和可控地让他们经历一些疼痛、失败、压力，让他们学会反脆弱。

学生们除了心理脆弱，还有普遍的不快乐。成就感能带来快乐，但很多年轻人难以感受到成就感，他们患上了"空心病"。其症状就是，对未来生活没有太大希望，存在感缺失，也不知道自己想要什么，疲惫、孤独、情绪差。北京大学副教授、精神科主治医师徐凯文在2016年发布的一项调查报告中就指出，北大一年级的新生中，有30.4%的学生厌恶学习，或者认为学习没有意义；有40.4%的学生认为人生没有意义。

难以感受当下的真实与幸福

关于幸福这件事，我们大部分有一个误区，往往把物质享受等同于快乐，又把快乐等同于幸福。

有研究表示，一个人年收入达到50万元人民币，幸福感就会达到一个临界值，超过这个临界值，人的幸福感受金钱影响的程度就越来越小。此时，内在驱动力就会取而代之，人们更倾向于做自己能掌控、自己感兴趣的事，或追求更有意义的事，但我们当下的教育培养起了孩子们更多的热爱、更多的自主独立、更多的追求了吗？他们很多时候是被大人、被社会推着走向了同一条路。

所以不要认为，我们的孩子身处的未来社会越发达，他们就会变得越幸福。相反，当未来养家糊口不再是他们唯一的选择时，当他们拥有更多选择时，他们可能更容易感到迷失，更难以找到人生的意义。

幸福不在别处，就在当下。在这个过分讲究效率和成功学的时代，我们很少再关注自身的内心，关注身边的美好事物。我们没有时间，也失去了那个能力，我们看不见自己头顶的这片天空，看不见白云朵朵，分不清飞过的是白鹭还是白鹤，看不见雨过天晴之后云雾缭绕的山峰，闻不到一阵清风过后香樟树的清香……只有当你真正去感受这一切的那一刻，你才会感受到自己的存在，那一刻你才属于你，而不是我们的身心时刻被外界世俗的观念想法所填满。

也许你会说，我们这一代人没有办法，生活所迫。但拥有感受当下真实生活的能力与世俗生活并不冲突，相反它能让我们离幸福更近一些，而我们所有的艰辛努力不就是为了更为幸福吗？遗憾的是，这种能力需要去培养，而不是与生俱来，甚至我们很多人从未意识到活在当下这件事本身。这是我们教育的缺失，而这种情况仍在继续。当前年轻人居高不下的离婚率，其源头也很可能来自我们的教育，一个以自我为中心、热衷虚拟而非现实、难以活在当下的人，注定会失去很多。

健康快乐是最难的奢望

此刻，你会明白，健康快乐不是最简单的愿望，而是最难的奢望。它背后真实的含义是，要求一个人做到高度的自律，拥有良好的行为习惯，丰盈的精神世界，有自我价值追求，能够认识自我并接纳自己以及这个世界的不完美，处理好与自己以及外界的关系，最终达到内心的和谐统一，这才是健康快乐的密钥，无关金钱。

可以说，健康快乐是一种状态，更是一种能力。健康快乐的获取，不是靠学校老师和父母给一个安逸舒适的环境，依着大家的性子和喜好，哄着同学们开心快乐。相反，它需要每个人通过自己的努力去达到，需要学校老师刻意去设计课程、活动来培养这种能力，而这个过程，通常是不快乐的，是反人性的。好比跑步，只有我们在克服了不能早起、拖延之后，经历了长期的坚持、忍痛之后，我们才能体会到跑步带来的快乐、成就感，才能享受到健康的身体、良好的精神状态带来的益处。

如果仅仅是反人性也不是问题所在，问题在于教育的失衡。我们太过注重考试成绩这件事，其他诸如健康快乐、能力思维、品格情操都是"痒点"，有更好，没有的话问题也不大。它是当下教育最容易忽略之事，一件重要但不紧急的事。它没有考试分数、名校录取紧急，但意识到问题时，往往已来不及。

"不计回报的爱" 本就是个错误

一个常识

对孩子的好，过犹不及。

教育观点

父母总是认为，只要我们对孩子付出更多的关注、更多的情感、更多的精力、更多的保护、更多的物质，我们的孩子就会更健康、更快乐、更强大、更温暖、更幸福……但现实却让人沮丧，在父母的牺牲和奉献之下，越来越多的孩子走向了我们期许的反面：自我、脆弱、冷漠、空心病、虚无、"躺平"、沮丧、不快乐……之所以这样，症结恰恰在于父母给太多，获取太容易。我们过于迷信"多"的好处，却从未发现"少"的力量。

近年来，越来越多的家长发现，自家孩子身上，好像越来越多出现了以下症状：明明物质条件优渥，家庭幸福，生活无忧，成长中也没有明显创伤，但却内心空虚，找不到生命的意义和活着的动力，甚至一根稻草都会成为压垮他们的"生命不可承受之重"。疲惫、孤独、生活迷茫、存在感缺失，不知道自己真正想要什么，觉得人生毫无意义。

1925年，英国诗人托马斯·艾略特创作了诗歌《空心人》，成为描绘当代人精神状态的代表作，刻画了现代人无聊、空虚、焦虑的精神生活。这种内心空洞、精神贫瘠、情绪低落、兴趣减退，找不到存在意义而苦闷的感受被现代人称为"空心病"，其核心是缺少对生命意义的感知。

比抑郁更严重的"四无"，正在毁掉年轻一代

清华大学的一个中小学生调研让人警醒：2021年，清华大学社会科学学院、中科院心理研究所等科研机构，在全国若干省份合作调研了三十多万名中小学生后，发现了一个存在于中小学生群体中的"四无"现象：

学习无动力，厌学情绪多。不仅成绩表现不佳的孩子对学习无兴趣，很多成绩优秀的孩子也对学习充满了厌倦。不少孩子努力学习，并不是他们发自内心地热爱，而是为了满足家长

和社会的期待。他们探寻不到学习的真正意义，容易对学习产生逆反、厌恶的心理。

对真实世界无兴趣。大量青少年沉迷于电子游戏、社交媒体，过度依赖网络虚拟世界。这一方面影响了青少年在学习上的表现，另一方面也让他们与真实世界缺少链接，而这种与真实世界链接的缺失，会直接影响孩子健康人格的形成。

社交无能力。沉迷网络的后果是，越来越多的孩子跟虚拟人物动感情，却在现实中与人缺乏交流。这使他们在真实的社交中容易出现无力感，进一步催生他们的孤独感、低欲望等心态。

对生命价值无感受。"物质层面充分满足而精神上供养不足"，让很多孩子的心灵枯竭感过早到来。生活对他们来说是无趣、乏味、空虚和迷茫的。这些比抑郁症更严重的"四无"心理，正在毁掉一代年轻人，"低欲望社会"似乎正在到来。

症结在于：父母给太多，获取太容易

很多家长不理解：为什么现在的孩子会有这么多问题？跟自己当年相比，他们明明生活条件更好，衣食无忧，什么都不缺。怎么就"四无"了呢？在这里，大家可能有个误解，认为只要衣食无忧，什么都不缺，我们就会幸福，孩子就会健康成长。

　　其实，问题恰恰出在"什么都有"这里。"什么都有"意味着多，追求"多"是人的本能，是人类进化的产物。在物质短缺的时代，我们需要通过不断地"拥有"来生存，通过"多"来抵挡随时可能到来的短缺，来获得安全感，那个时代，"更多"意味着更强大。如今，"短缺"已经远去，而"贪多"却"进化"成为我们的习惯，我们习惯性地追求更多，宁可"过度"，也不愿"不足"，这种现象，我们把它叫作"宁滥毋缺"。

　　这种"宁滥毋缺"的心理对教育、对学生产生了巨大的负面影响，并成为许多教育问题的源头。很多父母自己体会过匮乏，经历了太多的人间百态、人情冷暖，他们不愿让孩子再吃同样的苦，受同样的委屈，总想给孩子更多一点、更好一点。于是，我们在吃穿住行上，竭尽所能地满足孩子，我们殚精竭虑地给孩子更多的关注，孩子成了全家的焦点，却也成了分歧和矛盾的爆发点。

　　我们总觉得，只要对孩子付出更多的关注、更多的情感、更多的精力、更多的保护、更多的物质，我们的孩子就会拥有更好的未来，他们会更健康、更快乐、更强大、更温暖、更幸福……但现实却让人沮丧：在父母的牺牲和奉献之下，越来越多的孩子走向了我们期许的反面：自我、脆弱、冷漠、空心病、虚无、"躺平"、沮丧、不快乐……问题出在哪里？是我们给得还不够？爱得还不够，关注得还不够吗？不，恰恰相反，是我们给得太多了，我们过于迷信"多"的好处，却从未发现"少"的力量。

今天的孩子，生活在一个与我们过去完全不同的世界。这是一个物质丰富的世界，一个信息过剩的世界，一个仿佛谁都可以获得无数粉丝、无数关注，却又无限孤独的世界，一个对他们来说安逸、舒适是自然而然的世界。在这样的世界里，困扰他们的，不是匮乏，而是泛滥。在匮乏的世界里，"多"就是力量；而在泛滥的时代，"少"才是通途，如果贪"多"是人类的本能，那么减"少"，则是理性的智慧。

一种力量，四个减法，抵御生活的焦虑和虚无

父母付出太多，给得太多，反而可能让孩子无动力、无目标、无兴趣、无感受。如何解决这个问题呢？在我们看来，答案在"少的力量"。

"少"是对无限欲望的克制，"少"是对延时满足的主张，"少"是从追求多巴胺快乐，转向追求内啡肽快乐；"少"是奥卡姆的剃刀，剪除生命中繁杂的干扰项，让人轻装上阵；"少"

是找到我们可以得以坚持并热爱的"有限的目标"。

发现"少"的力量，需要孩子们在物理空间里做减法。生活是一场熵增，总是会自发走向无序和混乱。你的书包、资料袋、课桌、抽屉、衣柜、房间，一天不整理，就会变得不整洁，一周、一月不整理，将会变得混乱不堪。空间里的混乱终将成为我们精神上的负担，并且成为破窗的开始，将你的生活和学习也卷入混乱的旋涡。针对这种情况，我们可以用行动创造秩序，去做收纳，去做断舍离，用小的及时的行动阻止更大更糟糕的混乱，对抗熵增，在简约整洁的美学空间中，清爽地生长。

发现"少"的力量，我们还可以在情绪和压力上做减法。每天拂拭心灵上的灰尘和阴云，不让负面情绪将你吞噬，每天都可以满血复活成一个正向、积极、热爱生活的自己。不要把自己喜怒哀乐的决定权交给他人，不要过分在意别人对你的评头论足。保持开放的心态，学会聆听，坦然接受自己的一切，包括自己的缺陷和缺点，养成一颗强大的内心，经得起成功、赞美，也经得起失败和贬损。

发现"少"的力量，在物质上做减法。当你占有物品的时候，物品也在占有你。物质上的轻易满足、过度满足，不仅不会让孩子更幸福，相反，会让孩子失去目标，失去动力，变得对一切都无所谓。所以，在孩子的消费上，父母一定要学会保持克制。请记住，"好的教育，是灵魂的建设，不是物质的堆积"，想要毁掉一个孩子，无限满足他的物质欲望即可。挫折和委屈是成长的养分之一，没有人可以在不吃苦、不受磨难的情况下成长。

发现"少"的力量，在关注上做减法。孩子常常是家庭的中心，甚至是家族的中心，这可能会给他一个错觉，让他误以为自己是宇宙的中心。如果说，缺少关注可能会导致孩子自卑，那么过度关注，则会导致孩子过分自我、膨胀和脆弱。今天部分孩子面临的问题，不是关注不够，而是被过度关注，他们只接受赞美，不接受批评，只接受成功，不接受失败。因此，在与孩子的关系中，请父母做回自己，把时间交还给自己，把生活的中心转移给你自己。

未来的世界会是什么样子，没有人可以百分之百地精准预测。但可以肯定的是：未来的世界将会飞速地变化，将更加充满不确定性，人和机器的界限将越来越模糊，人的自我价值实现也越来越难，人要变得健康快乐也更难。重新认识"少"的力量，对物欲、空间、情绪、压力及时做减法，我们才能离自己的梦想更近，才能更积极乐观、更欢喜地过好这一生！

别让亲子关系
成为孩子最大的负担

一个常识

"家"也可能会变成孩子最想逃离的地方。

教育观点

"亲子关系"，也可能是一把双刃剑。"亲情淡漠"是一个极端，"亲密过度"又是另一个极端。不要做让孩子讨厌、害怕、嫌弃或想逃离的父母。孩子是一个独立的个体，正如纪伯伦的诗《孩子》所说："你可拼尽全力，变得像他们一样，却不要让他们变得和你一样。"无法保持父母与孩子独立人格的亲子关系，都是病态的。

不少父母认为，"我们努力拼搏"，未来在经济上不求孩子一分一厘的回报，就不会成为孩子的负担。这种想法只对了一半。

如果家长不能保持独立的人格，不能尊重孩子独立的人格，肆意入侵和支配孩子的"私人领域"（时间、空间和思想），将自己与孩子"捆绑"在一起，抱着"孩子就是我的一切""孩子就是我的寄托""孩子就是我生命的意义"，进而失去了自己的人格独立性，失去了生活的重心，失去了自我，那家长就是在用病态的爱编织成一张网，束缚着孩子的手脚和身心，让他们背上沉重的负罪感。最终，父母还是将成为孩子的负担，一种精神负担。

要拒绝成为孩子的负担，父母不仅要经济上的独立，更要人格上的独立。父母要努力地去过积极、乐观和洒脱的生活，拥有自己独特的人格特质，用自己的认知、习惯、生活态度和方式，以言传身教的方式去影响甚至塑造孩子。父母也应当意识到，无论父母还是孩子，谁都不是谁的附属和全部，彼此都是独立的生命个体。这意味着，恰到好处的母爱与父爱，保留界线的亲密，平等的主体，没有附属关系，没有"支配权"，让孩子也拥有独立的人格和自由的思想，这才是比较理想的亲子关系。

所以，想要孩子独立，父母要学会独立。想要孩子成长，父母先要精神上"断奶"。

那你和孩子的相处之道是什么？你和孩子是怎样一种亲子关系？亲子关系的好坏，直接影响着孩子的身心健康。那些负面的亲子关系将给孩子造成极大的困扰。

下面给大家总结出了6种较为典型的父母亲子关系，都是来自一线班主任、德育主任们的观察和经验之谈。

大家长型：我说了算

"我说的都对，你得听我的。"这类家长可能不会这么直白地说，但他们的想法和行动翻译过来，大致如此。

大家长型的家长常以一种上帝视角去看待孩子，他们会认为我说的就是对的，孩子是缺乏人生经验和智慧的。正因为此，他们和孩子交流比较少，甚至不听孩子在说什么，也不管孩子在想什么。当孩子遇到问题时，家长以骂、凶、吼为主，处理问题时较为独断，甚至用家长的威严压制孩子。

大家长型在男性家长身上表现更为明显，这类家长有的在事业上可能非常成功，他们很容易把自己成功的公式套用到孩子教育上，对自己充满了自信，也不太容易听得进别人的意见。看问题更容易从自己的角度出发，而不是孩子的角度。

大家长型的另一种"升级版本"是控制型家长。这类家长，总是告诉孩子你应该这样，应该那样。从生活小事到学习交友，每一项父母都要管，都要去"指导"，经常帮孩子做决定，安排好孩子的一切。

这两类强势的家长都是不受孩子欢迎的。表面上，孩子可能会屈从于父母，但实际上却是面服心不服。对家长提出的学习要求，孩子也不会从心底里认同。当孩子开始拥有自我意识之后，孩子会认为家长过多地干涉自己，会产生不满和敌对的情绪，亲子关系开始出现问题。而孩子的不听意见又让家长越发焦虑，感觉孩子好像无药可救，未来都没有希望似的。

长期下去，生活在大家长型亲子关系中的孩子将遭遇很多问题。他们可能产生沟通障碍，不敢表达自己的想法和感受，担心遭到家长的否定或惩罚；他们可能缺乏自主性，因为所有决策都由家长做出；他们可能成为低自尊的孩子，因为时常被批评，变得自卑而敏感；他们可能反抗父母，通过反抗行为来寻求自我表达和独立性。

其实每个孩子都是一个独立的个体，正如纪伯伦的诗《孩子》所说："你可拼尽全力，变得像他们一样，却不要让他们变得和你一样。"对家长而言，你越想抓紧孩子就越是抓不住他，还不如适当地放手。

保姆型：包办孩子的一切

"你只负责读书，其他都不重要。"这是保姆型家长很普遍的一个想法。于是，他们包办孩子的一切。特别是生活、人际关系上，家长不愿或者说没有想过让孩子独自去面对，导致孩子对父母的依赖度太大，无法很好独自处理一些事务，孩子永远是个"巨婴"。

举一个例。一个一米七的男生，上初一了每天还依然要跟妈妈睡，住校的第一天就完全无法适应住宿生活，当天晚上妈妈开了四十多分钟的车把孩子接回了家，哭了三个星期之后，由住校变走读。其实妈妈也知道孩子这样下去不好，但就是在内心里难以接受孩子是存在一些问题的。

第二个例子。因为舍不得让孩子住校，一家人特意在学校附近租了房子，爸爸妈妈爷爷奶奶外公外婆，六个大人照顾一个孩子，衣食住行全部是家长来包办，家长也不愿意孩子去尝试一点点错误，导致孩子生活自理能力极弱，延展到学习上就是缺乏克服困难的韧性。

这类家长，通常不是孩子离不开他们，而是他们离不开孩子，他们享受这种被孩子需要的感觉。但这种状态其实非常不健康，保姆型家长至少在三个方面不利于孩子的健康成长：

一是可能导致孩子自我中心化倾向。父母的溺爱和纵容会给孩子造成一种错觉，认为自己应该是所处世界的中心，孩子会将这种错觉迁移到外部世界中，这非常不利于健康人际关系的认知和建立。

二是可能导致孩子的抗挫折能力很差。因为父母包办了孩子的一切，孩子有了一切都很容易的错觉，更缺少挫折的洗礼。但无论学校还是社会，都是一个真实的世界，真实世界充满了各种挑战，如果缺乏抗挫折的锻炼，孩子不仅可能无法应对，还会因为受挫导致心理产生问题。

三是导致孩子极度缺乏独立能力。这种独立能力包含了生活独立和人格独立，这两者是密不可分的。生活独立不只是一种基本的生存能力，通过完成生活中的事务，孩子会获得成就感，这有助于孩子自信、自律等品格的养成。如果孩子缺乏机会去养成独立能力，想要获得自信、自律是不太可能的。

负面反馈型：看到的永远是问题

很多家长在跟孩子交流中，都是负面反应居多。这类型的家长认为孩子做得好是理所当然，生怕孩子骄傲，常说的一句话是："你做得不错，但是……"不管前面有什么夸奖，重点都在后面的"但是"上，他们的焦点永远放在不足和问题上。

这种类型的家长不容易看到孩子的进步，每次总是盯着最高点，而不结合孩子的实际，只要孩子还没到达顶峰，他们就很难满意。这对孩子来说是很让人受伤的事，孩子会觉得自己一直都在付出和努力，为什么父母就是看不到？

孩子长期背负着家长沉重的希望和压力前行，很难真正快乐。更让人担心的是，因为他们很少得到父母积极的反馈，很可能无法认识到自己的价值和优点，引起自我价值观缺失，变得缺乏自信，自尊心降低，也就很难获得成就感，而成就感正是一个孩子不断进步的动力之一。

还有一种家长与此类似，那就是追求完美型家长。他们希望孩子是一个完美小孩，在各方面都要做到很好，但在进入初中之后，随着学习压力、人际关系、青春期等挑战的接踵而至，孩子很难再保持以前那种全面的优秀。很多父母接受不了这种变化。

父母的焦虑和担心很可能会传递给孩子，孩子也为此焦虑，害怕让自己的父母失望，认为自己永远达不到父母的期待，尽管他已经在各方面都特别优秀了。

其实，大家要明白一件事，随着不断成长，孩子终会走向更大的平台、更为广阔的世界，每个人可能都没有自己想象的那么优秀和闪耀。我们一直告诉孩子，你会成功，但是没有教过他们，如果有一天，你发现自己是个普通人，该如何去面对。

甩手掌柜型：把孩子全权交给学校老师

"一切由学校负责"，是这类家长的心态。他们因为自己忙于事业，或者在孩子教育上力不从心，对孩子教育几乎不作为，也缺少对孩子的关心和陪伴。他们不在意家庭教育环境是否益于孩子发展，也很难以身作则。

他们通过物质补偿来弥补自己的亏欠，也通过让孩子入读好学校来弥补父母教育的缺失。他们把孩子完全交付给学校，希望学校能在各方面将孩子培养得优秀，并对学校寄予了厚望，甚至是把学校当作唯一的希望。他们认为只要孩子进了好学校，自己便可高枕无忧了，一切由学校负责。

这也意味着，父母往往缺席在孩子成长最重要的时刻，最需要被关爱、最脆弱的时刻，孩子会怀疑自己是否值得被人爱，内心将极度缺乏安全感，可能出现自我封闭或者极端的言行来隔绝世界、保护自己。事实上，父母稳定的陪伴能给予孩子安全感。作为父母，需要在孩子遇到困难时陪伴他，让他知道自己并不孤单，有爱自己的人，有可以依靠的人，如此他才有信心去面对问题，并相信能够解决问题。

内部比较型：偏爱的父母

随着独生子女政策的改变，越来越多的二胎、三胎家庭出现。有的家庭从父母自身到哥哥姐姐、弟弟妹妹都很优秀，但就有一个孩子在各方面却显得慢一些。

此时，家长通常会给那个孩子很大的压力。比如经常拿曾经的自己和孩子比较，拿家里的兄弟姐妹和孩子比较，使孩子长期处于自卑的状态，觉得自己在家里是最差的，甚至父母会明显地表现出某种偏爱。

其实每个孩子都有自己的特点和成长节奏，过于在意孩子与其他人的差距，只会更加打击孩子的自信心，让孩子缺乏安全感，难以有信心去做出好的改变。

亲情债型：我都是为了你

因为各种原因，有的父母经历各种艰辛把孩子养大，很是不易。这种情况下，一些家长容易把自己的辛苦与不易归因到孩子身上，觉得自己这么辛苦坚持都是为了孩子，常对孩子说的一句话就是"我都是为了你……"

跟孩子适当倾诉，本有利于培养孩子的感恩之心和责任心。但如果太过，就成了负担，成了亲情债。家长看到的都是自己的困难和不容易，却没有考虑到孩子的内心感受，父母的不成熟和狭隘，带给孩子的是深深的痛苦、愤然和愧疚，孩子也难以获得内心真正的快乐和幸福感，也许他们始终生活在一种压抑之中，负重前行。如果可以选择，也许他们宁愿父母不要对他们那么好。

第2章

　　人人都在控诉"应试教育","应试"真的万恶不赦吗？人人都向往"素质教育"，但大家真的理解"素质"的内涵和外延吗？把孩子送进"好学校"，是不是就意味着给了孩子"好的教育"，就可以高枕无忧？才艺班、补习班，真的那么有效吗？

　　重"教"轻"育"，是这个时代大多数教育问题的症结。我们既误会了"应试教育"，又误解了"素质教育"；既高估了"学校教育"的作用，又低估了"家庭教育和自我教育"的影响。

"应试"没错，错在"纯应试"

一个常识

应试也是一种必需，纯应试教育却不是。

教育观点

应试并没有错，应试能力也是素养之一。考试和应试是教育的必要手段，既可检验学习的效果，又可给学习者和教育者提供及时反馈，还可以为职业选择提供依据。错误在于纯应试教育。纯应试教育意味着考试成绩成了唯一目的和唯一标准，意味着只用一个维度评价一个孩子的全部，意味着只用一把尺子来衡量所有学生。

在中国谈教育，无法回避的一个话题就是应试。怎么看待应试？一直以来，在很多学校和家庭中，关于应试存在着两种非常极端的看法及做法：要么彻底否定应试，认为应试极大地损害了学生的兴趣和积极性，认为应试是大多数教育问题的根源；要么认为应试教育是公平的最后一道保障，是阶层流动仅有的通道，而且今天各领域的杰出人士，多是应试教育的受益者，我们应当捍卫它。

纯应试教育之下，努力学习是为了不再学习

应试教育有其历史的必然性和合理性，是过去"现实"的选择。一方面，应试教育通过标准化考试，快速地为中国的工业化和城镇化提供了大量经过系统培养的人才，这些人才快速成长为各领域的中流砥柱，为国家社会经济贡献了自己的聪明才智。另一方面，这种选拔机制在一定程度上确保了人才选拔的公平性，为个体提供了通过教育改变社会地位的机会，让知识真的可以改变命运。在此背景下，不看其他，只看分数的纯应试教育可以说是一种最优最有效率的选择。

但追求效率的背后，却是教育的失真。原本标准化考试只是作为选拔人才的考查手段，如今这手段却成了教育的全部，所有人和资源都在围绕着考试这件事转。学校教育内容严格依

据考试大纲，教学方法和课程设置都以考试为导向，只要考试不考的老师就不会教，哪怕是对学生的成长有帮助。在这样的学校，教育成为一场场考试通关之旅，学习之外心无旁骛，分数成了远方的"灯塔"，指引着老师和学生前行，许多孩子努力学习只为考试，考出好成绩，就可以不再学习。换句话说，学习，不是为了梦想，不是因为兴趣，而是为了不再学习。

结果是在老师和家长眼里，一个学生成绩好就什么都好，其他都不是那么重要，也都可以让路，即使隐瞒家人病危离世的消息也不愿影响学生的考试。在意愿和行动上，大家也都把好的资源、时间、精力、荣誉给了成绩更优异的学生。学生则把大量时间用于做题和模拟考试，通过重复练习来提高考试成绩。在追求高分的过程中，忽视学生的兴趣培养、创新能力、批判性思维和社交技能等全面发展，长期的应试压力可能导致学生出现焦虑、压力过大等心理健康问题。

应试教育的压力同样传递给了家长。如前面所述，为了缓解焦虑，家长只有给学生报更多的补习班。应试教育的思维也深入了家长们的内心，让孩子学习钢琴、芭蕾、乐器也必须得考级，不考级就感觉是白学。补习机构、培训机构也趁机抓住家长的心理需求，一对一、多对一、名师辅导应运而生，甚至主动向家长们贩卖焦虑。

纯应试的问题在于只有唯一的标准，即只用成绩的高低来衡量和评价所有学生。更为极端的是，衡量学术能力也都只用同一个标准、同一套试卷、同样的时间。看似公平背后，却忽略了学生在认知、能力上的个体差异，如果教育是让一个人变得更好，那我们就必须考虑到那些成长缓慢的孩子。更为遗憾的是，部分学生的天赋才华是难以通过考试来体现的。

这种考核标准对老师也一样，以升学率作为对老师最重要的激励考核，而对老师在其他诸如关爱学生、思想品格培育等方面的职责和付出，则不像升学率那般重视。而为了升学率，老师们同样备感压力，压力不仅来自教学，甚至有初中老师背负着留住班级里优生送往本校高中的任务与考核。

可以说，在一切都围绕着分数运行的世界里，没有谁是真正的赢家。这让人想到了一个有趣的社会学现象——剧场效应，意思是说在一个剧场中，如果前排的观众为了获得更好的视野而站起来，那么后排的观众为了不被遮挡视线也不得不站起来，最终导致整个剧场的观众都站着观影，每个人都牺牲了观影的舒适度，但视野并没有实质性的改善。

剧场效应在我们的教育中，就表现为家长和学生为了在激烈的教育竞争中不被淘汰，不得不参与到各种补习班、提高班等"影子教育"中，即使这些额外的学习负担并没有实质性地提高学生的学业成绩或能力，但为了不在竞争中落后，他们仍然选择参与，导致学生学习压力增大、家庭经济负担加重，以及带来教育公平性问题。

事实上，应试对独立的求知、原创精神方面也存在伤害，应试教育赋予学生的是寻找标准答案的惯性思维、固化思维，很可能对其今后从事最原创的科研、挑战前沿的能力产生持久的负面影响。当ChatGPT和Sora等AI模型问世之时，无数人看到的都是差距，科技领域的变革把人们引向了对教育的反思，引向了那个著名的"钱学森之问"。

我们的世界并没有如福山在《历史的终结》中所言走向统一意识秩序，而是相反，在文化层面、价值观层面，以及其他各个方面都呈现出更加的多元化。虽说教育有选拔人才的作用，但却不是唯一的作用，如果还用纯应试的唯一标准去应对一个多元化的时代，一个在飞速向前的时代，尤其是一个AI崛起的时代，一定会出问题。

不要走向纯应试教育的另一个极端

有一小部分家长群体，所谓的自己受到了应试伤害的人，否定学术、否定考试，也否定用学校系统的教育来传递知识的方式。他们走向了纯应试教育的另一个极端。

他们当中有些人喜欢剑走偏锋。他们让孩子脱离学校系统教育，只通过一种单一的方式去培养孩子，远离城市社会，去诵国学读经典，沉浸在琴棋书画之中，或者崇尚彻底回归自然田园，或者参加某些思维训练营，相信某些脑科学研究成果、记忆力训练方法就能解决教育的问题。这些观点和做法其实是在走向另一种极端，他们用单一的价值选择代替了原来的纯应试的单一选择，与纯应试相比，他们更加远离了多元的世界。

另一种类似的做法是过分相信培训机构的作用。有人觉得几个不同类型的培训机构合在一起可以代替学校教育，于是把孩子放到培训机构里去学习，让孩子脱离系统化的教育，脱离学校这种特定的教育环境和生态系统。

他们觉得在学校无非也就是学习数学、语文、英语等几门学科知识，没有认识到能力思维以及人文情感方面的培养对一个孩子的成长有多重要，他们用机械论的思维来看待教育这件复杂的事情，以为教育可以机械地拆分成几个"部件"。这些极端做法的背后，体现出的是家长缺乏对教育规律的敬畏，也缺乏基本的教育常识。

不走极端，理性看待应试

凡事不走极端，是一种理性的智慧。我们应该理性地看待应试这个问题。

首先，不要反感应试，应试非常重要。它不仅起着选拔人才，体现教育公平的作用，本身也是一种衡量能力的标准，是教育评估中一个很重要的维度。无论在哪个国家、何种教育体系之下，应试能力都是最重要的一项考查，例如一个人想在美国当一名医生，他需要通过大学考试获得本科医学专业的学位，再参加MCAT考试，然后申请医学博士学位，同时参加持续3~7年的USMLE执业考试。事实上，考试成绩并不只是一种学习成果，也在某种程度上对学生的思维和能力有帮助，体现着一个学生的专注度、自我管理能力、时间管理能力、目标感、内驱力等。

其次，我们要正确理解应试与学习能力培养之间的关系，特别是要有对记忆、背诵的正确认识。我们有个误区，一提到应试，人们首先想到的就是"死记硬背""题海战术"，很多人对此颇为反感，觉得这些做法让学生失去了活力，抹杀了学生的主动性和创造力，也没有什么"技术含量"。特别是在人工智能时代，很多人更是认为那种死记硬背的方式没有意义。

但事实是，记忆背诵和反复练习是通往更高阶学习的必经之路。我们大部分时候进行逻辑思考，首先是在进行记忆检索，检索出能够解决问题的方法。比如象棋高手大脑里记忆了大量的棋谱，通常能够解决大部分的棋局。如果现有的记忆不能解决问题，你还可以通过联想来解决，而联想的基础便是记忆中的事实性知识。事实性的背景知识就需要学生去背诵记忆。

值得注意的是，即使在AI时代，基于"刻意练习"的大量习题的练习仍然十分必要。因为大脑同一时间的"处理内存"是有限的，通过刻意重复练习，最终达到不需要思考便可以处理的境界，以节省出大脑的记忆空间，学生才能将节省的大脑空间用于新的思考，将能力提高到一个更高层次。

应试并没有错，错在纯应试。我们绝对不应该只用一把尺子来衡量所有学生，也绝对不应该把应试作为唯一的标准，应该有很多的标准来评判孩子的其他各个方面，这才是问题的关键。

重“教”轻“育”，
是许多教育问题的症结

一个常识

教授知识≠教育

教育观点

以知识和技能传递为主的纯应试教育还在受到追捧，以创造力、逻辑思维、批判能力、人文素养为主要追求的“人”的教育，有些曲高和寡，叫好不叫座。人们争先恐后都想挤上那一艘人声鼎沸却已经偏航的船，而那艘真正通往彼岸的船却少有人问津。家长因重“教”轻“育”而被绑架导致焦虑，孩子们因重“教”轻“育”而失去梦想，学校因重“教”轻“育”而沦为“工厂”。回归教育本质，就是要让教育看见人、为了人，就是要让教育超越“选拔淘汰”功能，超越“提升生产力”功能。

2024年1月16日，一则"谷歌华人工程师殴打妻子致死"的新闻震惊了很多人，在互联网内引起广泛关注。一起普通的刑事案件，之所以如此受大众关注，除了痛惜，很重要的原因在于人们难以理解此事，心中都有一个疑惑：为什么？

夫妻双方都是人们常说的"别人家的孩子"：学霸、高考状元、清华大学校友、美国加州大学硕士、谷歌工程师。按世人的说法，这样的人生算是成功的，这样的家庭应是幸福的，为什么会发生如此悲剧？

外人难以知道真相。但在与此有关的一篇新闻报道末尾是这样写的：美国联邦法院注册律师刘龙珠谈到，他对这个圈层非常熟悉，曾代理过谷歌、脸书、英伟达等大厂的华人工程师。这些工程师普遍都是"学霸"出身，其中不乏各省市高考状元，事业发展也非常顺利。但是其中一部分人确实存在"智商高、情商低"的现象，行事较为偏激，对情绪的管理能力也偏低。

我们很难从个案中获得答案。但或许我们能得出一种警示：人们趋之若鹜地追求的高分数、名校，最终并不一定会带来幸福。当我们太过于追求一些东西的时候，往往也会忽略一些东西，最终失去或牺牲掉一些更重要的东西。

回归到教育，我们太过看重"教"这件事，也就是太过看重通过知识学习来获取成绩、分数、升学率、名校，而忽略或轻视了"育"，也就是忽略了对品格、能力、修养、身心健康的培育。

重"教"轻"育"是这个时代许多教育问题的症结

可以说，重"教"轻"育"是我们这个时代所面临的许多教育问题的症结所在。

我们的学校、教师、家长把大量的时间、精力投放在了"教"上，导致"育"的不足。我们太过重视分数、考试、成绩、大学录取，而忽略了能力、思维、品格的培育。这种失衡主要体现在教育目标和方式的片面化上。

首先是目标的片面化。教育貌似一直都是一个很热的话题，但是没有几个人真正地在"谈教育"，而是在谈升学、排名、学区房、"上岸""鸡娃"，在谈北大、清华等名校的录取。那些原本值得我们花更多心思去谈、去思考的东西被忽视了，被我们觉得是"无用的"。相比于自信、乐观、善良、坚毅这些虚无缥缈的东西，我们更迫切的目标是希望把孩子培养进C9、985或者211，再找一份好工作。这是目标的片面化，教育的目的被片面化为升学。

目标的片面化，必然导致评估标准的片面化。大多数时候，无论是学校、老师还是父母，都在用"分数""考试成绩"

这一把尺子衡量所有学生，评价一个孩子是否优秀首先想到的是学习成绩，其他方面再好可能都只是锦上添花，不如一次名列前茅来得雪中送炭。一个孩子明明很勇敢、有担当，很爱这个世界，有自己擅长、热爱的事物，也很有自己独立的见解，但也许就因为他没有被好的大学录取，于是很少有人羡慕他、谈及他、鼓励他，就更没有人欣赏他，他最终成了沉默的大多数。更遗憾的是，这种衡量标准的实用主义和功利主义还延伸到了社会。

目标和标准一旦片面，我们教育的手段就一定会片面。也就是说，我们过于注重"教"，老师把绝大部分时间和精力投入到了知识技能的传递上，学生把绝大部分时间和精力用在了知识的学习上，家长也把精力和金钱投入到了学科补习上，一切都围绕学习知识这件事进行，我们一代又一代人正在重复这条路。

当我们所有人的时间、精力、财力、物力都朝着分数、名校这样单一的目标努力时，内卷是必然的结果，所谓"一个人卷提高分数，一群人卷提高分数线"。面对水涨船高的分数线，很难有家长再做到佛系，谁也不愿意让孩子输，谁不是"一切都为了孩子"？周围所有人都在你追我赶，周末上补习班，参加各种游学研学，五年级超前学习初中知识，加入各种交流群。

但家长们很快会察觉到，刚开始有些效果，但效果很快就见顶了，于是我们看到普遍焦虑的家长、感到无助的家长。除了吃饭、睡觉就是学习，不停地上高价补习班，这种方式确实是提升成绩最快的方式，但这样的方式会产生边际效应递减，即便24小时都搞学习，效果也有限。最好的解决办法是，家长必须意识到提升成绩还有其他选择，可以去寻找新的方式，比如帮孩子培养更好的学习习惯、建立起结构化思维等。正如家长必须意识到，孩子一生的幸福并不是只系于名校、高薪，还有其他重要的内容。

一句话，内卷只会带来不必要的焦虑。不仅家长们焦虑，很多孩子也在这种重教重分数的环境中失去追逐梦想的机会和勇气。他们可能是某个学科上的天才，却被告知是没有意义的偏才，他们因为全科分数不达标而难有深造的机会，更大的可能是很多孩子在某方面的天赋并不在考试范围之内，被认为不重要、没有意义，被现实浇灭了所有可能。而我们的部分学校，也因重"教"轻"育"而沦为培养考试机器的"工厂"，用同一种方式塑造着原本生而不同的生命个体。

面对多输的局面，我们必须重新思考"教育"的真正含义，重新认识"教育"，回归到教育的本质。

重新认识教育："教"和"育"

"教育"在英文里就一个单词：Education，中文里则是由"教"和"育"两个字组成，我们可以"望文生义"地去理解，"教"和"育"并不是同一件事，而是教育的两个层面，它们在诸多方面存在着不同。

首先，"教"和"育"各自承担的职责使命是不同的。"教"指的是知识和技能的传递，也就是我们通常理解的单纯地传授数学、物理、化学等学科知识以及一些职业技能，即教学。"育"指的是素养的培养，包括能力、思维、品格的养成。我们都希望自己的孩子具有很好的领导力，能够与人协作，洞察到问题，有效地解决问题，这些都是能力。我们也希望孩子批判性地看待一切，不盲从，说话有条理，表达有逻辑，这些与思维有关，需要孩子具有结构化思维、评判性思维、发散思维和逆向思维等。我们更希望自己的孩子是善良的、勇敢的、慷慨的、乐观的、坚毅的，这些都跟品格相关。能力、思维、品格，是"育"要做的事情。

实现"教"和"育"的方法也是不同的。知识和技能的传递，可以通过不同的课程、实验、作业去完成，也可以让老师面对面、手把手地辅导完成。但一个人很难通过上课学会像善良、正直、勇敢这些品格，也难以通过掌握书本知识来拥有批判思维、创新能力。能力、思维、品格，需要"刻意练习"，需要到课堂外去追寻。

实现"教"和"育"所需的时间也是不同的。"教"可以在短时间内实现，比如：一堂四十分钟的课，可以教会学生一个勾股定律、热力学第二定律，也可以教会学生十个单词、理解一篇文章，一本教材一学期就可以学完。而"育"的实现则非常缓慢，你甚至不知道改变发生在何时，你不知道孩子会在什么时候变得更善良，你也不知道孩子哪一天变得更勇敢。"育"是一个长期践行的过程，一个静等花开的过程。

"教"和"育"的评估难度也是不同的。"教"是一种工具理性，老师教得怎么样，学生学得怎么样，其结果很容易被量化和评估，我们所有的标准化考试：课堂小测、期末考试、中考、高考等都以此为出发点。在这方面，我们可谓做到了极致。相反，"育"是一种价值理性，学生的素养素质很难用工具来量化和评估，我们很难评估一个孩子今天是否比昨天更理性，也难以量化一个孩子到底有多少批判性思维。

所以，无论是学校、家长还是学生，也就更容易选择一条见效快的、时间短的、好衡量的路，而回避了一条见效慢、长期主义、难以衡量但却更有价值的路。

到这里，大家应该更加理解为什么说我们的教育是重"教"轻"育"了。当然，我们并不是要全盘否定"教"，否定教育的"选拔淘汰"作用。事实上，过去几十年，我们的教育模式在人才选拔、教育公平、人才培养等方面发挥着举足轻重的作用，我们大部分人也是这种教育的受益者。在可预见的未来，我们当下的教育模式仍将发挥不可替代的作用。

　　但时代向前，在物质生活丰盈的今天，在AI已经能够取代大部分知识技能的今天，在更加注重个体生命价值的今天，是时候去思考关于教育的更多可能性了。曾经我们只需要知识技能便可以安身立命，凭借出色的知识技能便具备竞争力。但在未来，我们所看重的知识技能正在变得极易获得，也就无法仅凭知识技能立于不败之地，单一的、偏技术性的难题，AI就可以解决，而复杂系统中的复杂难题，仅凭知识和技能难以解决，于是，在AI时代的"高不成，低不就"中，我们很难找到自己存在的意义。"教"，在教育中的支配性地位正在动摇。

未来，"育"才是生产力

　　未来，将人与人区分开的不再只是知识的多少、技艺的高低，而更多的是一个人的品格、修养、审美、责任感、价值观，是一个人面对挫折困难时的态度、面对矛盾冲突时的智慧、面对人生困惑价值感缺失时的选择。同时，在职场上，知识和技艺也不能确保我们拥有持续充足的创造力、内驱力、解决问题的能力，能确保这些的是一个人的批判性思维、结构化思维、创新思维、领导力、协作力。而思维、能力、品格、责任等素养是无法从书本中学习到的，是考试不会涉及的，是课堂上教不会的，只能靠长期针对性地训练和培养，这正是"育"要去做的事情。为此，我们得把重心从"教"转向"教"和"育"兼顾，并更加注重"育"。未来，"育"才是更重要的生产力。

为了更深刻地理解"育"是生产力，我们看下面的一幅图。这条斜线表明，一个人在不断地进步、成长，去实现自己的目标。而这条折线，它的状态起起伏伏，时而高涨，时而低落。折线是我们的动力或动机，没有人能天天处于满腔热血的状态，总有情绪低落的时候，即便一个人拥有不俗的天赋、学识、高学历，但仅凭由此产生的满腔热血、满满自信，是很难支撑自己一直不断地成长的。因此，我们还需要这条斜线，它代表的是好的习惯，是日复一日重复的力量，思维、能力、品格可以通过习惯去培养，反过来，思维、能力、品格也可以成为习惯，借着好的习惯去发挥作用。

一个学生即使拥有很好的学习天赋，但如果没有良好的学习习惯，缺乏刻苦勤奋的品质，也注定不会有太高的成就。相

反，一个学生即便没有太高天赋，但凭借复习、错题集、归纳总结、计划反思、按时完成作业等良好的学习习惯，同样可以取得不错的成绩，而这些做事的习惯、方式和思维，也早已成为这个孩子生命的一部分，在未来的人生长河中发挥积极作用。

更重要的是，教育不仅教会学生知识技能，也要让学生有意愿和能力去追问探寻生命的价值和意义，特别是在物质生活日益发达的今天，面对消费主义与娱乐主义的侵袭，我们的学生很可能面临着人生虚无和价值观缺失的困境。如果每个学生都能通过"育"来培养起丰厚的人文素养，不困于心，不惑于行，拥有高远的人生目标和追求，以解决那些还困扰着人类、带给人类痛苦的疾病、难题、未知领域为己任，在其中投入自己的青春、激情、智慧，并在其中感受到幸福与满足，那教育便回归到其本真，回归到了"育"，回归到人本身。

回归"育"，或许将成为当下的一条积极之路。

再多的才艺，也抵不过
"习惯养成"

一个常识

与其人人学才艺，不如人人习惯养成。

教育观点

才艺不等于能力，也不等同于素养，不能将"学才艺"简单等同于"素质教育"，过于功利地追求"才艺""考级"会适得其反，磨灭孩子的兴趣和创造力。我们的一生，其实是无数习惯的总和，习惯影响思维、性格，与其神化才艺，不如培养孩子终身受益的习惯。正如叶圣陶先生所说：教育就是培养习惯，衡量教育是不是成功就看有没有形成良好的习惯。

孩子就是父母的命门，无论你在职场如何叱咤风云、精明能干，一旦回到育儿领域，几乎都难逃被裹挟的命运。在你追我赶的报班大潮中，在"不能让孩子输在起跑线上"与"不能牺牲宝贵童年"的矛盾之间，绝大多数父母们都选择屈从于前者。

三岁学英语、舞蹈，四岁绘画、围棋，五至六岁适合乐器，七岁开始专长体育，一、二年级后配合应试教育，争抢优质语数外辅导班名额……家长之间甚至一度流传着一份幼儿兴趣最佳培养时间表。在城市里，一个孩子同时上好几个兴趣班，每年耗费数万元培训费更是常事。每个将孩子送去兴趣班的父母，都觉得他们是在发掘孩子音乐、绘画、体育等方面的天赋，是在给孩子做"素质教育"，当然，大多数情况下，他们都会失望。

素质教育是否就等同于上兴趣班、学才艺？我们花费大量的时间、金钱，送孩子上兴趣班、学才艺，到底是为了让他们学什么？我们真的应该重新审视这些问题。

误区一：将才艺等同于能力

在现实中，很多家长混淆了才艺和能力，误把才艺当能力，以为只要考了级、参加了比赛、获了奖，孩子就拥有了相应的能力。不仅家长这么认为，孩子也这么认为。十多年前，我去参加哈佛大学教育学院举办的一个教育论坛，当时的一幕让我印象深刻。论坛上，卫斯理学院和加州大学伯克利分校的教授们都共同提到了一点：许多中国留学生在自己的大学申请材料中，都把钢琴、小提琴等"才艺"混淆成"能力"写了进去。这让他们觉得很惊讶，在他们看来，才艺和能力是两个东西。

才艺和能力其实是两个概念。才艺通常指的是个人在艺术、体育或其他特定领域的技能和才能，如绘画、音乐、舞蹈、体育等。而能力则是一个更广泛的概念，它包括诸如思考能力、学习能力、审美能力、逻辑能力、观察能力、社交能力等。

才艺通常是某个固定领域的，会弹古筝、跳拉丁舞都是才艺，但古筝的技法、拉丁舞的舞步只适用于本领域，一旦到了其他领域就很难适用了。一般的才艺更偏向技巧，很难迁移。而能力则具有更多的"通识性"和可迁移性。它潜藏在个体身上，虽不会时刻以外显的方式来展示，却直接或间接地影响一个人的思维、观点和处理事物的方式，如审美能力、逻辑能力、观察能力、想象能力等。能力可迁移，在一个事情中培养出的能力，在另一个场景中依然适用。如孩子擅长画画，画画就是他的特长，而在学习画画的过程中，所培养衍生出的想象能力、观察力等，则是他的能力。

作为父母，在将孩子送进各种兴趣班的大门时，可能首先需要想清楚，我们到底是想培养孩子的一个才艺，还是希望孩子在学习才艺的过程中，培养出可迁移的能力？

误区二：将才艺等同于素养

除了将"才艺等于能力"，家长们还容易"将才艺等同于素养"，在他们看来，孩子弹了几年钢琴，能弹奏流畅的曲子，那就是有了音乐素养；孩子学了绘画，素描、油画都有所涉猎，画出的作品也像模像样，那就是有了美学素养。他们误以为，才艺就是素养。

素养不是速养，它是日积月累的结果，是不可能速成的，能速成的也就不是素养。素养是一系列、多维度的能力，是可以通过后天的学习、锻炼、磨砺而获得的。

一个孩子认识琴谱，熟悉钢琴指法，能流畅、优美地弹奏钢琴曲，这是才艺；他在钢琴学习的过程中，培养出手眼协调力、专注力等则是能力，它是可以跨领域迁移的，不仅在音乐领域可用，在其他领域也适用；而他对音乐发自内心的欣赏、理解，音乐在他心中引发的共振，他从音乐中感受到的悲悯、敬畏、感恩、乐观、坚韧等情绪，则是他在长期的浸润之下培养出的音乐素养。

现实中，大量的才艺只停留在了"会"的层面，会弹几首必考的曲子，会画一些"很像"的画，除此之外，其他都不会。但一个人把一首钢琴曲弹得再好，也并不代表他就具备了音乐素养。更有甚者，我们看到很多弹了很多年钢琴，考了很多专业证书，参加了很多专业竞赛，最后却讨厌甚至痛恨钢琴的孩子。他们本想通过才艺看到更广阔的世界，最后却因为"只有才艺"而困在了才艺的笼子里。

误区三：将"才艺学习等同于考级"的过度功利思想

在才艺学习过程中，当我们问"为什么要考级"时，大部分家长可能都会反问，"为什么不考级？不考级怎么知道孩子学得怎么样呢？"

绝大多数家长都难以拒绝"考级"，它太有吸引力了。孩子钢琴过了八级、美术九级，证明孩子学得好，有天赋，是对学习效果的检验，证明培训费没有白交。小升初、初升高时，还可以写入简历，是孩子实力的一种证明，高考还可以走艺术生路线，怎么看都是"有百利而无一害"。但我们需要警惕：这种"将才艺学习等同于考级"的过度功利思想，真的对孩子好吗？

央视新闻曾就"变味的考级"进行专题报道：培训机构只教授考级曲目，学生死记硬背，不懂乐曲背后的故事，也不懂基本的乐理……一些培训机构看准家长在孩子才艺学习中的过度功利思想，采取"押题"考级的方式，让孩子只学习考级所需的知识，如钢琴就只练那几首考级曲，只练考级中最可能被抽查的重点部分。最终，有的孩子虽然拿到了最高等级的证书，但其实真实水平并没有达到该级别的标准，只是能演奏该级别难度的曲子而已（有的连演奏曲子都达不到，只能演奏考试的那几句）。这种情况下，大家还觉得那个证书有意义吗？即使拿到的是最高级别的证书，也只是"徒有其表"吧。

这种"为了考级而考级"的过度功利性做法，忽略了孩子在才艺学习中真正应该学习和培养的东西，让孩子对艺术的认识被限制在技法之内，而技法恰恰是最容易练成，也是没那么重要的。在一个个课后艺术特长班间辗转，孩子们看似学习了很多技能，实际上只是在模仿他人的风格。最终，他们将在这种模仿中失去自我，变成流水线上的考试工匠。

我们需要走出这种功利性学习的误区，重新问自己：我们带孩子去学习才艺，到底是想让他们学什么？我们相信，绝大部分家长最初让孩子去学才艺时，都并不是想让孩子成为钢琴家、画家、游泳运动员、高尔夫球手……不是为了让他们在各种考级、竞赛中一定要夺得金银铜牌，而是希望他们能够在这个过程中，真正地感受运动、音乐、艺术的魅力，让这些兴趣爱好能够在未来某个时刻陪伴孩子们，帮助他们抵挡世间风霜和岁月无常。

只不过，在我们行走的过程中，不知不觉被外界裹挟，忘记了初衷。

与其人人学才艺，不如人人养习惯

才艺不等于能力，也不等于素养，那我们究竟该如何培养影响孩子一生的能力和素养呢？答案其实很简单：通过"习惯"。

我们的一生，其实就是无数习惯的总和。每天我们从闹铃声中醒来，就要做出各种选择：早饭吃什么，几点去学校接孩子，上班路线变还是不变……很多人认为，我们每天做的选择都是深思熟虑后做出的，其实做出的选择有超过40%是习惯的产物。习惯是我们刻意或深思后做出的选择，是即使过了一段时间不再思考，也仍然每天都会做的一种行为。

从行为入手，包括行为的引导和行为的约束，帮助孩子养成良好的、受益终身的习惯，由习惯影响乃至改变性格，从而改变思维。

美国的教育史上曾有一个例子：20世纪90年代，美国有教育者因不满公立学校的落后，创立了特许项目KIPP（Knowl-edge Is The Power Program）。这个学校系统的绝大多数学生来自穷人家庭，他们是否被录取取决于抽签而不是成绩，可它的大学升学率却超过80%——要知道，美国贫困家庭的孩子能考上大学的只有8%！KIPP的两位创始人芬博格和莱文，也因其"服务于国家的典范行动"获得2008年的"总统公民奖章"，并与好莱坞著名导演史蒂文·斯皮尔伯格一道入选当年《美国新闻与世界报道》评出的24位"美国最杰出领袖"。

而KIPP其实是一个典型的"改变行为—养成习惯—改变思维性格"的培养模式。

美国有超过三分之二的贫困儿童生活在单亲家庭之中，家长疲于奔命根本没时间管孩子。孩子们很难得到足够的监督和管教，从而缺少自控能力。他们中的很多人没有从高中毕业，不是因为高中文凭很难拿，也不是因为生活所迫要挣钱养家，而是因为沉溺于毒品和聚会，连每天按时上学都做不到。美国虽然没有种族隔离制度，但穷人会聚集在同一个社区。贫困人的周围邻居也都是贫困人，他们身边充满了同样沉溺毒品、打架斗殴、无聊聚会，以及"每天连按时上学都做不到"的同伴。

如何才能帮助这样的孩子，让他们准时上学，让他们不再沉溺于毒品和打架斗殴呢？KIPP类型的学校从规范学生的行为开始。

KIPP有非常严格的礼貌教育。如果一个姓Ali的老师跟你说"早上好"，你的回答不能也是"早上好"，而必须是"早上好，Ali老师！（Good morning, Ms. Ali.）"。如果老师在课堂上问全班同学"明白吗？（Is that clear?）"，或者简单地说"Clear?"你既不能回答"yes"，也不能回答"clear"，而必须是"Crystal（水晶）"，意思是"crystal clear（非常明白）"。甚至连怎么走路、怎么坐，上厕所之后怎么洗手都有严格规定。

KIPP的老师们在教学中摸索出一套"SLANT"的课堂规定。SLANT是要求学生必须执行的五个规定动作的缩写：

S（sit up）：坐好。体现一种良好的精神状态，同时也是尊重别人。不论是上课还是其他场合，KIPP都要求学生坐直。

L（listen）：倾听。听是比读更重要的学习方法，不管是老师还是同学说话，你必须仔细听。只有这样才能促进更复杂的对话交流。

A（ask and answer questions）：提出和回答问题。学生必

须敢于提问并且能回答问题。如果不敢提问，老师就不知道你掌握得如何，而这对老师来说是非常关键的信息。

N（nod）：点头。你要是理解对方在说什么，你就要点头。这不是什么仪式，而是一种非语言的信息传递。

T（track the speaker）：眼睛注视说话的人。一方面是表示尊重，一方面是为了加强信息传递。

KIPP还有一套完整的物质奖励系统：一个学生如果能做到按时到校（鼓励学生养成上学习惯），他就可以据此"挣钱"；能在课堂上积极参与发言讨论（鼓励学生养成积极发言的习惯），可以"挣钱"；能保持正能量的态度（培养学生乐观的习惯），可以"挣钱"。这些"钱"能在校内换得物品。

跟我们常见的评优模式不同，KIPP不是按照学习成绩来发放，而是让学生通过做好自己本就能做好的事情去挣得奖励，以此来引导他们养成良好习惯，通过改变行为而养成习惯，通过习惯来改变性格和思维。而正是这样从改变行为开始的习惯养成，让KIPP创造了教育奇迹——KIPP在其所在的城市内，如在纽约市的所有学校中，都名列前茅。

叶圣陶先生说：教育就是培养习惯，衡量教育是不是成功就看有没有形成良好的习惯。在他看来，无论怎样好的行为，如果只表演一两回，而不能终生以之，那只是扮戏；无论怎样有价值的知识，如果只挂在口头说说，而不能彻底消化、举一反三，那是语言的游戏；只有化为习惯，才可以一辈子受用。

良好习惯的养成，可以内化为孩子身上的能力、素养，最终让孩子受益终身。成年人的改变，更有可能是"改变思维—思维改变行为"，而未成年人则刚好相反，他们更多遵循的是"改变行为—行为变成习惯—习惯改变思维—养成性格"。

基础教育就是良好的习惯养成。与其人人学才艺，不如人人养习惯。

被"夸大"的学校教育

一个常识

学校教育很重要，但没有那么重要。

教育观点

学校教育不是教育的全部，它只是教育的四个施予者之一，做得再好，也只是完成了教育的四分之一。学校教育的终点不是一纸文凭，从学校毕业也并不意味着教育的终结。但现实中，许多人毕业，离开学校，从此就停止了学习。

    学校是学知识的地方，学生的天职就是学习，家是心灵的港湾，社会是最好的大学，这是人们给学校、学生、家庭、社会贴的标签，其实，他们还有一个共同的标签：教育的实施者。

教育学按实施者将教育分为了四个方面：社会教育、学校教育、家庭教育和自我教育。但事实上，很少有家长会从这四个角度来看待教育。在大多数家长的心中，"教育"就等于"学校教育"，教育孩子是学校的事儿，孩子教育的关键就是给孩子选一个好学校。人们企图用"学校教育"来替代其他三种教育，认为学校教育总是第一重要且无可替代的。在规划孩子教育的时候，他们不是帮孩子进行一个整体的、长期的教育规划，而只是想给孩子选一个好学校。

在很多家长看来，不管孩子、孩子背后的家庭本身是什么情况和状态，只要进了好学校，学校都会改变孩子，学校会确保孩子成功。明明只是占据了教育四分之一的学校教育，被当成了教育的全部，学校教育的作用被无限夸大，其他三项教育则被长期忽视。

但我们需厘清关于学校教育的几项常识：

学校教育不是教育的全部，学校只是教育的四个施予者之一，做得再好，也只是完成了教育的四分之一。

在当下这个时代，社会教育和学校教育是教育中的"公约数"。每个人所能接触到的社会教育和学校教育，虽然有一定差距，但远没有想象中的那么大。从更宏观的角度看，甚至可以忽略不计，彼此"公约"掉。同类别、同级别的学校，如当地最好的几所公立学校，它们之间的共性甚至超过了90%，差异不到10%。而这不到10%的差异，更多是生源的构成不同造成的，这就可以理解为什么在许多地区，"生源争夺战"仍在上演。"不同圈子的学校"，也就是不同类型的学校之间才会有更大的差异，如国际化学校和公立学校之间，差异可能达到40%。

学校教育的终点不是学历，不是硕士研究生、博士研究生，而是自我教育。在看待学校教育时，我们不知不觉就陷入了悖论：一方面，在择校时精挑细选，把学校教育的作用看得过大；另一方面，在评价学校时，分数和录取成为压倒性指标，将学校的教育功能缩小。一方面，学校教育被大众的期待和认知塑造；另一方面，学校教育又培养出更多有着如此期待和认知的大众。

社会教育是背景板，人人都一样？

什么是社会教育呢？广义的社会教育，指的是与学校教育、家庭教育并行的，会影响个人身心发展的社会教育活动。简单来说，在我们日常生活中，文化馆（宫）、少年宫、图书馆、博物馆、纪念馆、电影院、剧院、广播电台、电视台、微博、抖音等，都属于社会教育。

从属性上看，绝大多数社会教育都是公共品，具有一般公共品都具有的非竞争性和非排斥性。你可以去逛图书馆、博物馆，你的同学也可以去，一个人去并不影响另一个人也去。一个人接受社会教育的时候，并不对其他人造成影响，其他人也可以接受同样的社会教育。而从提供方来看，公共品的属性就决定了社会教育不是由私人提供，而是由政府、社会机构等提供。在哪里提供，提供哪些内容，用什么样的形式来提供，这些都不由个人意愿左右，很难受到个人意见的影响，一般人几乎无力改变。

所以，对同一个时代的人来说，他们能接触到的社会教育几乎没有太大的差别。你能接触到的，大概率别人也能接触到，很少受到年龄、资历、学历、收入等方面的限制。它就像我们外出旅游拍照打卡时的背景，人人都可以在那里拍照，背景都是一样的。因此它拥有比学校教育更强的"公约数"性质。

人人都拼的"学校教育"，成了"公约数"？

有人觉得疑惑：学校教育和社会教育怎么可能是"公约数"呢？要真是公约数，大家也不会为了名校而挤破脑袋了，也不会有学区房的存在了。

当我们说学校教育和社会教育是"公约数"时，其实是站在更为宏观的、历史的角度来看待的。并且，有一个关键词很重要，那就是"当下这个时代"。有了这个前提，我们才能说学校教育和社会教育是公约数。为什么要强调"当下这个时代"呢？在我们看来，它意味着学校教育的普及和差距的缩小。

在以前，只有极少数人才能接受学校教育，受教育（学校教育）是少数人的特权。1949年，我国小学阶段入学率为20%，初中阶段入学率为3.1%，而高中阶段入学率仅为1.1%，高等教育阶段入学率仅为0.26%。这就意味着，100个人里只有20个人能上小学，只有3.1个人能上初中，1.1个人能上高中，上大学的则只有0.26个人，这对于今天的我们，是很难想象的。在历史的长河中，并不是人人都能接受学校教育。因此，在以前，在学校教育还没有成为公共品的时候，是否接受过教育，成为拉开人与人之间差距的重要因素。

在当代，"受教育"才成为每个人的权利和机会，按照国家义务教育的规定，人人都可以接受教育，以至于大家并不觉得"能够上学"是一件值得珍惜的事。根据教育部公布的统计数据，到2023年，九年义务教育巩固率95.7%，高中阶段毛入学率91.8%，全国共有各级各类学校49.83万所，各级各类学历教育在校生达到2.91亿人。

十几年前，我们经常会看到某某企业家捐助了希望小学，某个名人给希望小学捐赠了校舍、图书或者电脑的新闻，但现在，类似的新闻越来越少，为什么呢？是因为大家没有善心不再捐赠了吗？当然不是，是没那么多需求了，即使在乡村地区，义务教育的普及也已经达到了相当程度的水平。我们还可以从希望工程宗旨的变化，来看这些年义务教育的普及和进步。希望工程从1989年开始发起，其宗旨是建设希望小学，资助贫困地区失学儿童重返校园，改善农村办学条件。而到了2020年已经变成了围绕青少年学业、身心健康、素质教育、家庭变故、思想道德建设等方面的迫切需求和现实困难，推出相关措施。你看，任务已经完全不同了，不再是"建设希望小学，资助贫困地区失学儿童重返校园，改善农村办学条件"了，因为这个问题已经基本解决了，这个阶段的任务已经结束了，现在需要实现更高层次的目标了。

义务教育的普及，让曾经只属于少数人的"学校教育"成为公共品。以前，有没有接受学校教育，是区分人与人的关键指标；而现在，人人都能接受学校教育，这个指标便没那么有效了。这也是"当下这个时代，学校教育是公约数"的第一层意思。

"好老师"不再稀缺？

另一方面，学校与学校之间的差距在缩小。以前，我们比较两所学校的标准是：校园是不是漂亮？有没有多媒体教学？

有没有设施完备的体育馆？教室的桌椅怎么样？这些很容易就可以看出区别。但现在，学校之间硬件上的差距越来越小，在同一座城市的大部分学校之间，这种差距基本可以忽略，你有的我也有。城乡学校之间的差距，也不断在缩小。

有人说，硬件的差距确实在缩小，但师资的差距还是巨大啊！在很多人看来，受教育就是读书，教育只会发生在学校里，想要获得好的教育就只能通过老师和学校。这也是很多家长执着于买学区房的原因。但真的是这样吗？教育只会发生在学校里吗？只能通过老师才能获得教育吗？显然不是。

早在1999年，印度科学家、英国纽卡斯尔大学教育技术学教授苏伽特·米特拉就开展了一场特别的教育实验——"墙中洞"。他将一台电脑安放在印度德里郊区的贫民窟里，孩子们可以免费使用这台电脑。实验证明，在没有任何正规训练的情况下，孩子们不仅学会了使用电脑，还可以通过电脑学习知识。后来，这个实验在世界多地进行，测试结果相差无几。2010年，苏伽特·米特拉又在世界各地创建多所"云端学校"。在这些学校里，学生主要通过互联网和小组讨论进行学习。老师负责提问题，剩下的由学生自学。结果，印度恒河口偏远地区的孩子不仅学会了上网，还把家乡的芒果卖了出去。大家惊讶地发现，原来在没有老师口传心授的情况下，学习也依然在发生。

互联网普及的今天，我们对"老师"这个词有了新的认识。以前，手把手传授技艺的是师傅和老师，而现在，网络成了我们生活中无处不在的"老师"。我们可以在网上观看世界顶尖名校的公开课，查看名校名师的教学视频、演讲视频，甚至可以跟他们留言互动……智能化和信息化打破了学校曾经对教育资源的垄断性，甚至打破了时空的壁垒，使得优质教育在更为广泛的群体中传播开来，让越来越多的优质资源触手可及。以前只有极少数人在线下、在现场才能获得的资源，在网络的普及下早已不再是问题。这也是"当下这个时代，学校教育是公约数"的第二层意思。

当前的时代，对人解决问题能力的要求会越来越高，对人知识以外素养的要求会越来越高。没有哪个学校敢宣称，能教给学生可用一辈子的知识。世界变化太快，这一代人根本不知道下一代人会遭遇什么挑战，又该如何去面对。也正因为这样，教育的使命不再是教导孩子们学习人类的存量知识，而是尽可能激发每一个孩子的潜力，通过"育"的力量，帮助他们找到自己的内在动力，找到他们的天赋和兴趣所在，然后分头突围，去应对各自的人生挑战。

择校的焦虑应该降低，你纠结的，其实可能并没有那么重要。

被"低估"的家庭和自我教育

一个常识

家庭教育是分水岭，自我教育将持续终身。

教育观点

什么是造成孩子之间差距的关键因素？答案是家庭教育和自我教育。在基础教育阶段，学校教育的效果取决于与家庭教育的一致性，想要改变孩子，需要从改变家庭开始。教的目的是"不教"，是让孩子学会自己学，教的终极目的是让孩子养成持续终身的自我教育。

　　社会教育和学校教育都被公约掉了，那什么才是教育的"不可约"因素呢？什么才是造成孩子之间差距的关键因素呢？答案是家庭教育和自我教育。其中，家庭教育又在很大程度上决定了自我教育。

家庭教育的重要性，你真的认识到了吗?

在生活中，如果一个孩子举止文雅、善良有礼、文质彬彬，我们会很自然地觉得，这孩子的教养真好啊! 同样，如果一个孩子举止粗俗、言行不一、满口脏话、懈怠懒惰……大家的第一反应，肯定不是这个孩子就读的学校有多差，而是他没有"教养"。你看，即使在最为朴素的观念里，家庭教育在孩子成长过程中所扮演的角色也毋庸置疑、无可替代。

从孩子出生的第一天起，家庭就通过自己的方式，时时刻刻影响甚至塑造着孩子。一个家庭的文化氛围是浓还是淡，对世界的看法是积极还是消极，对周边的人是包容还是苛刻，这些都会通过耳濡目染的方式烙印到孩子身上，并在孩子日后每一天的成长过程中，持续不断地发挥着力量，也就是我们所说的"原生家庭"的影响。

法国一项社会学研究成果表明，在一个人的成长过程中，学校的影响只有15%的作用。华人教育专家严文蕃也曾做过一项调查，得到了类似的结论：在学生成长中，学生自身背景因素占80%，教师的作用占13.34%，学校的作用占6.66%。在学生背景因素中，家庭收入、父母教育水平、父母职业等占60%，学生的知识和兴趣等占40%。所谓"优生"不全是教师教育出来的，所谓"差生"也不全是学校培养的。学校教育与一个孩子的成长、成功没有那么理所当然的必然关系。

苏联著名教育家苏霍姆林斯基在谈到"谁在教育儿童，什么在教育儿童"时，曾提出有"六大力量"对儿童成长起重要作用，其中"家庭"这一力量排在第一位。苏霍姆林斯基说：父母、亲属是儿童的最早的教育者；正是在学龄前的几年间，也就是在儿童接受教师的影响开始以前很久，就在他的身上种下了人的一些基本特征的根子。不仅在学龄前，在孩子进入学校之后，父母的教育作用依然至关重要。学校教育的效果取决于与家庭教育的一致性，如果没有这种一致性，"学校的教学和教育过程就会像纸做的房子一样倒塌下来"。

家长成了"助教"？家庭教育错位了

家庭教育如此重要，塑造着我们每个人的底色。但在真实的教育场景中，大家对家庭教育的重视，却并没有想象中的那么高。

荷马史诗中有一个著名的英雄叫阿喀琉斯，他的母亲忒提斯将年幼的阿喀琉斯倒提着浸进冥河，使其拥有不死身的体质，唯一的弱点是没有被河水浸泡到的脚后跟。在后来的特洛伊战争中，阿喀琉斯不幸中箭身亡，中箭的地方正是脚后跟。

后人用"阿喀琉斯之踵"来指代一个人或事的"致命弱点"和"软肋"。而我们当下的家庭教育，正在成为教育中的"阿喀琉斯之踵"。我们重视教育，但却只重视"学校教育"，重视在学校教育中能够被评估的分数和成绩，而缺乏对家庭教育足够的认知。

家庭教育领域知识的缺失，带来了很多问题。有的父母没有家庭教育的概念，认为教育就应该是"学校教育"，是学校的事情，与自己关系不大，使得家庭教育和学校教育难以同步，出现"5+2=0"的情况（学校5天做的努力，被周末在家的2天清零）；还有的父母认为，家庭教育就是"在家里管孩子的学习"，是让孩子上各种辅导班、补习班、兴趣班，他们对"家庭教育"的理解依然还停留在抓孩子的学习成绩这个层次上。

中国青少年研究中心近20年连续进行的全国中小学生发展状况调查发现，无论是"80后"还是"90后"的父母，对孩子关心的首要内容仍然是成绩。上海市儿童发展研究中心主任杨雄曾在文章中引用一组调查数据：52.5%的家庭教育仍然着重"为孩子安排课余学习内容"，学习已经成为亲子关系的主要内容，家长变成老师学习上的"帮手""助教"。家庭教育"学校化"，过于偏重知识与技能，而忽略了对孩子身心健康、人格、品性上的教育，弱化了家庭对一个人的情感性、生活性的塑造，出现"越位"或"错位"。而这些情感、品格、性格方面的培养，原本应该是家庭教育最为重要的部分。

在基础教育阶段，作为父母，如果你想要改变孩子，绝不是给孩子报尽可能多的补习班和兴趣班，而是从家庭教育着手。父母得先改变自己，改变家庭氛围，才可能从根本上改变孩子。如果家庭、父母拒绝改变，那孩子也很难真正发生改变。这也是中小学教育跟大学教育的重要区别。

从家庭成员开始，不拖延、不要凡事都责备他人，对待别人时不冷漠，不吹毛求疵地要求彼此，彼此之间更加体谅、更和睦……父母要身体力行，才可能最终带来孩子的变化和成长，否则一切补习班都将是徒劳。

教育的终点，是自我教育

社会教育、学校教育和家庭教育，不论它们谁发挥的作用更大，其目标都是一致的，那就是培养孩子自我教育的能力。教的理想目标是"不教"，是让孩子学会自己学。所以，自我教育中非常关键的一点，是保持终身学习的能力。

终身学习可以"终身"到什么地步呢？2015年，多丽塔·丹尼尔斯在位于加州圣塔克拉里塔的峡谷学院取得了社会科学专科学位，当时，她99岁。在学位授予仪式上，丹尼尔斯说，她修这个学位的目的只是提升自己，求学的六年时间也是对她学习的意志、决心和承诺的一种考验。年近百岁的高龄，用六年的时间学习社会科学，目的竟然只是"提升自己"，在我们很多人看来，这是难以想象的。

自我教育和终身学习，也是我们应对充满不确定性的世界的最好方式。作家梁文道在《教育自己的必要》中讲了这样一个故事：在他念大学的年代，学校里面最牛最聪明的同学喜欢念的是Electronic Engineering，也就是电子工程。那是当年华人世界最牛的一个专业，电子工程被认为是最有希望的行业。但到了后来的一段时间，当他再回到母校的时候，发现同样是这个专业，招收的本科学生都是相对来说成绩较差的。为什么呢？因为随着时代的变化，电子工程相关行业已经衰落了，念这个专业被认为已经没有前途了，所以成绩好的孩子都不去念这个专业，而是念工商管理、金融专业。

高校的专业变化，一定程度上折射出社会中各个行业的变化。在这个快速变化的世界里，我们已经很难像父辈一样，一辈子只从事一个职业。你原来从事的行业，谁也说不清它什么时候会衰落，甚至消失。我们尚且面临如此多变的世界，更不要说下一代的孩子们。在这样的世界中，换工作、转行业会成为人生常态。而在"换"的过程里，每个人都需要新的技能、新的知识和新的能力。

这些东西从哪来呢？我们上学的时候没有学过怎么办呢？这就需要自我教育，需要自己对自己持续不断地教育。这也是为什么，一切社会教育、学校教育和家庭教育的终点，都指向自我教育，指向培养每个人终身学习的习惯和能力。

当我们说终身学习时，总觉得这是一种难得的品质，是少数人才能做到的。但其实，"终身学习"是人在未来社会中的一种生存方式，人人都需要。

我们谁也不知道未来会发生什么，但我们能够知道的是：能力不是定量，它是可以通过自我学习来不断改善的。在教育的过程中，我们需要在变量部分（家庭教育和自我教育）用力，不执着于"公约数"和定量（社会教育和学校教育），努力把孩子培养成一个真正会学习的终身学习者，才是我们留给孩子最宝贵的财富。

许多人在大学毕业后就停止了成长，学生时代成了他们一生中知识的巅峰，而真正厉害、走得更远的人，毫无疑问是那些将"自我教育"持续终身的人。他们在终身学习中持续地完善自我，在自我教育的复利中终身受益。

守规矩就没了个性吗？

一个常识

规则意识与个性和独立人格并不矛盾。

教育观点

基础教育阶段一个很大的误会是：尊重规则，孩子会吃亏；强调规则就会限制孩子的个性发展；约束会制约孩子的创造力。其实，真正的个性，不在外表，而在于是否拥有独立的人格、高认知和高阶思维。然而，我们生活中常见的群体是既无规则意识，又无独立思考和深度洞察能力的从众者、随波逐流者。

　　既想孩子遵守规则，又担心会限制孩子的个性，甚至抹杀孩子的创造力？"规则与个性"之间似乎总在冲突，它们之间是必然矛盾的吗？在日常教育中，我们究竟该如何处理两者的关系？如何拆解这个问题？

"规则"会限制个性吗？

这里就涉及一个"什么才是真正的个性"的问题。在校园中，有的同学认为，"个性"需要通过穿着打扮来彰显。就像电影、电视剧里的人物一样，打扮很酷，头发很长，甚至可能还染成了五颜六色，这样才是有个性的、特别的。这其中，看似是学生自己的看法，其实里面充满了娱乐主义和消费主义的引导。

埃隆·马斯克是一个有个性的人吗？在很多同学看来，马斯克当然是一个很有个性的人。他毕业于宾夕法尼亚大学经济学和物理学双专业，创办电子支付"X.com"和"PayPal"，成立太空探索技术公司（Space X），投资特斯拉做新能源汽车，做星舰飞船……简直没有比他更有个性的了！我们会发现，马斯克没有红头发，也没有穿破洞牛仔裤，同学们依然觉得他有个性。

为什么呢？因为马斯克做了很多有奇思妙想的事情。不仅如此，他还从中创造了价值，得到了大家的认可。如果马斯克做的事情惊世骇俗，但没有任何价值，也不会对其他人带来任何好的影响，大家还会觉得他的这种"个性"有意义吗？还会认可这种个性吗？大概率是不会的。

显然，个性不是指故意去穿奇装异服，故意去玩世不恭，故意去反对他人。而是在平常的外表下，有独立的思想，保持自己独立人格的同时也尊重他人，对"不同"给予足够的包容。你可以喜欢重庆火锅的麻辣鲜香，也能欣赏淮扬菜的清淡鲜美；可以动如脱兔，也可以静若处子。当面对多样性和不同时，有足够的包容和尊重。

个性是一个人三观的外在表现，是自然流露出来的独特魅力，是一个人独有的、不同于他人的整体精神面貌。真正的个性是独立的人格、独到的洞察与见解、批判思维和高认知，这种个性不需要靠奇装异服来彰显，而是源于有个性的人自然流露出的谈吐、见识、思想和批判思维。这样的个性能给他人带来积极影响，能让别人发自内心地尊重。

真正有个性的人，他的行为不一定是校园里最特立独行的，他的处事方法不一定是职场里看上去最与众不同的，但他一定是有独立的人格、思想的。他不是自我的，不是固执己见的，不是不计后果、鲁莽任性的，更不是忘乎所以狂妄自大的。相反，一个真正有个性的人，因为他有更广阔的认知、更高阶的思维、更强的独立思考能力，他在行为上反而可能更沉稳、更周全、更能换位思考理解他人、更能为他人着想。这样的人，无论是在学校还是以后在职场上，都将给别人带来更多的积极影响。

当我们界定清楚"什么是真正的个性"之后，我们就会发现，父母要求孩子服饰穿戴整齐、将房间收拾整洁，老师要求学生规范地穿着校服，遵守班规、校规等并不会限制他们的个性发展。因为奇装异服、玩世不恭、故作不同这些都并不是真正的个性。真正的个性与外貌无关，与故作惊人之语无关，与思想、人格有关。

"规则"会限制创造力吗？

创造力的发展，靠的不是浮于表面的自由，而是思想的激荡。束缚不会扼杀创造力，相反，正是因为有了束缚，有了"不舒服"，才从中长出了创造力。比如"游戏化"，就是将规则运用得"最完美"的案例之一。

大家都知道，只要是游戏，就一定有规则，规则不是游戏的底线，而是保证游戏能够正常进行的前提。无论是足球，还是俄罗斯方块还是吃鸡游戏，之所以让人着迷，让人全情投入，让人忘记时光流逝，忘记烦恼，主要是因为"游戏化"的机制：它是自愿而非被强迫；它是让人不舒服的，在设置游戏规则时会故意设置一些不必要的麻烦，比如踢球时不能用手、俄罗斯方块堆积到顶就会"死亡"等；此外，它还是即时强反馈的。

苏联心理学家、被誉为"心理学中的莫扎特"的维果茨基定义了规则对游戏的重要性："规则是游戏的本质特征，规则维系和保障着游戏的存在和秩序。一旦规则遭到破坏，整个游戏世界便会崩塌。"

世界上游戏千万，不管是简单游戏还是复杂游戏，不管是考验思维的游戏还是锻炼四肢的游戏，不论是传统游戏还是新兴游戏，本质都是一样的，那就是通过设立规则，让参与者心甘情愿去克服本不必要的麻烦。一个游戏的精彩程度，很大程度是由游戏规则的"约束强度"是否适当决定的。试想，如果踢球时可以用手，如果跑步比赛可以穿轮滑鞋，俄罗斯方块哪怕堆到顶也不会"死"……它们还会那么有趣、那么吸引人吗？

规则是游戏的本质，由规则造成的约束，会给人带来挑战。而创造力的发生，恰恰始于挑战。当挑战降临，富有创造力的过程便会开始运转，其他所有的担忧都暂时被搁置一边，人们专注地投入到活动之中，开始进入心流的状态，而当经历"心流"时，人们失去了时间感，聚精会神、完全沉浸其中时，创造力将得到更大的激发。

《创造力：心流与创新心理学》是"心流之父"、积极心理学大师希斯赞特米哈伊历时30年潜心研究的经典之作。在书中，希斯赞特米哈伊访谈了包括14位诺贝尔奖得主在内的91名创新者，分析他们的人格特征，以及他们在创新过程中的"心流"体验。在希斯赞特米哈伊看来，富有创造力的人之间彼此千差万别，但他们有一点是相同的。他们都非常喜欢自己做的事情。他们通过从事费力、有风险且困难的活动（有挑战性的活动）扩展自己的能力，从中体会到"心流"。

"由于我们习惯于认为创造力的起始点都是人，因此很容易漏掉这样一个事实，那就是：创造力最有力的刺激因素可能来自个人以外的环境或规则的改变。"希斯赞特米哈说。

有规则意识的孩子会吃亏吗？

有人认为，我们处在人情社会中，相对于规则，更看重血缘和关系。有的人秉持利己主义和实用主义的心态，有也可，无也可。在教育过程中，我们常常看到以下三种对规则似是而非的认知：

我认为对的规则，我就会遵守，我不能理解或认为不对的规则，凭什么让我遵守？

违反了规则，该承担后果时，有孩子会坚持认为"他们都没有遵守规则，凭什么专门针对我"？

违反了规则，该付出违规成本时，有家长会认为"规则是死的，人是活的，他还是个孩子，还是应该以教育为主"。

我们对规则有很多误解，让我们重新厘清规则的本质：规则是基于某种特定的目的，一个群体中每个个体的权利让渡；旨在用必要的、最低程度的权利牺牲，换取群体的更多受益和更大价值，从而反作用于群体中的个体，让每个个体获取更大的利益。

规则从来不是让人觉得"舒服"的，相反，因为规则要求权利让渡，会约束个体的行为，通常会导致个体的部分自由受限，比如抽烟的自由、大吼大叫的自由、即时过马路的自由等。因此从本质上讲，规则通常是会让个体感到不舒服的，也因此个体喜不喜欢、理不理解某个具体的规则，并不应该影响该规则的效用。

我们所倡导的"规则意识"，至少包含了两层意思：

先有游戏规则，后有游戏。孩子们玩游戏时都知道，先有游戏规则，然后大家才能开始玩游戏。"先有规则，后有游戏"，这就意味着，哪怕最初的规则不那么合理，甚至是错的，但为了游戏能够进行下去，我们也需要先遵守。在规则被修改之前，先按规则办。

心甘情愿地尊重游戏规则。这意味着，个体主观对某项规则的喜欢还是憎恶，支持还是反对，都不影响个体主动去尊重规则。

在现实里，培养孩子的规则意识，让他们心甘情愿尊重游戏规则，从长远看，孩子不仅不会吃亏，还会"尊重规则的收益远远大于尊重规则的成本"。尊重规则、养成了规则意识的人，更能够理解并践行"人人为我，我为人人"的理念，更愿意为他人创造价值来利他，并最终会享受价值，成为最有价值的人。

第3章

我们身处商业无处不在的时代，人人都在享受商业带来的便捷，但很多孩子却无法正确看待金钱和商业。他们一方面被娱乐主义和消费主义裹挟，因被裹挟而迷失；另一方面又惯性地用商业思维去打量学校、评价教育。

商业的本质是迎合，教育的本质是改变，教育不应该是"以迎合学生为目的"的服务业。学校和家庭应该以学生的成长为中心，而不是以他们的好恶为中心。我们应该重新认识商业和教育的界限，让商业的回归商业，教育的回归教育。

商业社会的孩子，
没有正确的商业和金钱观

一个常识

"金钱观"和"商业观"是价值观的重要组成部分。

教育观点

我们生活的世界不仅被物理、生物规律支配，也被看不见的经济规律支配，但我们缺失"金钱"和"商业"教育，也就缺少了对这个世界的更深刻和理性的认识。我们也不太重视孩子正确"金钱观"的树立，难以正确地认识金钱与幸福之间的关系，以至于产生很多错误的行为与价值观。

"钱"和"商业"是我们教育的盲区。我们要么浅尝辄止，要么避而不谈。在引领学生建立正确、理性的金钱观、财富观方面，在帮助学生去主动探索、理解经济规律，不轻易被情绪绑架方面，学校和家庭教育大多无所作为，常常拱手让给自媒体、社会新闻和影视娱乐作品。

深夜还在忙碌的夜宵店主，凌晨两点起床准备早点的小吃店主，随时准备为我们提供服务的人——外卖小哥、快递员、网约车司机——远远超过以往为任何一位君主提供服务的人数。我们轻易就能吃到大西洋的鲑鱼，能品尝到法国的葡萄酒，能使用上积聚上万专利技术于一身的电子产品，我们享用的商品也超过了过往任何一位君主。当然，为我们提供服务和商品的人，并不是无偿的，我们也不是真的君主，背后推动着这一切自行运转的，是亚当·斯密在1776年洞察到的那双指挥着这一切的"看不见的手"。

遗憾的是，在将近250年后的今天，很多人仍然因为不理解这些基本的规律，而表现出某种"混乱"。一边，人们在很多事情上过度地商业化，找不准商业与教育、文化等领域的边界；另一边又对节假日高速公路是否应该免费、春运期间客运火车是否应该涨价、廉租房的基本配置和过高配置等问题，少了基于经济规律的理性探讨。一方面，不少人将成为企业家作为自己的梦想；另一方面，企业家很多时候被视为"重利轻义"，被大众指责。

矛盾的背后，折射出的是我们缺失"金钱"和"商业"教育这样一个事实。因为相关通识教育的缺失，很多人对金钱和商业行为产生误解，产生了一些不可取的极端看法和做法，同时又很难以更深刻的方式去认识我们所处的世界，更多的是情绪化、感性化。

两种极端的金钱观

一个人的三观很重要，事实上，一个人的金钱观也非常重要。它不仅事关一个人如何看待金钱，是金钱至上、无所不能，还是金钱乃身外之物；它也事关一个人如何理解挣钱和花钱这件事，是把金钱当作目的追求本身，还是实现目的的手段方式。

我们必须警惕两种"极端"的金钱观。一种是过度地看重金钱，这类人把金钱视作生活中最重要的东西和目标，是衡量成功和幸福的唯一或主要标准，认为人生的意义就是尽可能地赚钱。很多人也把金钱作为解决问题的最重要手段，无论出了什么样的问题，第一想法是多少钱可以搞定，认为世上所有的东西都有价格。为了追求财富，他们可能会牺牲其他重要的东西，如健康、人际关系、自尊自爱，也失去一些对价值和意义感的追求。

另一种"极端"就是极度地轻视金钱，认为金钱是不重要的，谈钱就很俗气，一旦与金钱沾边，就不崇高、不纯洁，就唯利是图。也有人把金钱视作是对自己的奴役，是"资本家"剥削和"收割"自己的体现，他们不愿意成为被"奴役和剥削"的对象，也就对很多东西失去热情和渴望。

从某种程度上说，当下流行的"佛系"和"躺平"，部分原因也许就和"金钱观"相关。如果将金钱与成功、与人生的价值画等号，在获得了"成功"或者明显获得不了这种"成功"时，都可能出现"佛系"和"躺平"。

事实上，正确的、不偏不倚的金钱观，恰是正确的人生观和价值观的一部分，直接影响着我们为什么而活、为什么而努力的人生课题，关系着我们每个人对幸福的理解和感受。正确的金钱观意味着认识到金钱有其重要价值，并理解它在满足基本生活需求、提供安全感和实现个人梦想中的重要性。正确的金钱观也意味着认识到金钱与幸福之间的关系，金钱不等同于幸福，健康、友谊、人际关系、成就感、奉献等非物质追求同样与幸福相关。正确的金钱观还意味着要去理解很多事，诸如理智消费、避免债务、储蓄和理财、合法收入……

但回想起来，从小到大，几乎没有人与我们好好谈论过这个话题，告诉我们应该如何去正确理解这些事，我们的任务就是"好好读书"，将来出人头地，好像把书读好了，出人头地了，一切就会迎刃而解。

我们极度缺乏经济和商业常识教育

亚当·斯密的《国富论》里有一个著名的观点：商业才是最大的慈善。这句话深刻地揭示了商业的力量。

2021年，《财富》杂志发表了改变世界的53家公司的榜单，其中每一家公司都凭借其技术与创新造福于全社会。比如一家名为远景科技的中国公司，计划推动绿氢的成本降至每千克2美元以下，一旦实现，绿氢就将成为一种可行的化石燃料替代品。而更为大众熟悉的马斯克，因为其商业创新，旗下Space X星舰的载荷成本比航天飞机降低了99.5%，让未来人类移民火星又进了一步。

即使做慈善扶贫这样单纯、无功利的事，需要做好，也得依据商业和经济规律办事。比如经济学家威廉·伊斯特里在《白人的负担》一书中说，过去50年，西方国家在非洲援助2.3兆美元，却无法给每个儿童12美分来打一针疫苗，让死于痢疾的人减少一半；如果有3美元能够到达妇女的手里面，儿童死亡人数又可以减半，但是做不到；如果每个家庭能够拿到3美元买蚊帐，那么大量的疾病就可以避免，但是也做不到。为什么？因为整个援助过程缺乏反馈机制，存在委托代理问题、养懒汉效应等，也就是商业的智慧和经济规律没有发挥作用。

商业作为一种重要力量，通过在经济发展、科技创新、社会责任和文化传播等方面的影响，深刻地改变着世界。我们日常的生活，也深刻地受着商业模式、经济规律的影响支配。

与商业和经济的力量如此重要形成鲜明对比的是，我们的基础教育极度缺乏商业及经济常识。我们很多人不清楚拉动经济增长的"三驾马车"是什么，背后的逻辑是什么？美国美联储加息是什么，对我们每个人有什么影响？货币升值贬值对我们的早餐是否有影响？为什么奢侈品品牌的一件T恤可以卖那么贵？……

可以说，如果不是经济相关专业的人，我们绝大部分人并不清楚这些问题背后的经济学常识，从小到大我们没有机会来学习这样的常识。甚至很多人一听到商业就想到"金钱""唯利是图"等字眼，唯恐避之不及，家长也羞于和孩子谈论金钱、讨论创业挣钱，也羞于谈论生活的不易。种种现象背后的根源，都在于我们对教育的片面理解，都在于我们始终只围绕着分数、升学等单一的目标在转。

但我们所生活的世界，是生物的世界，是物理的世界，更是经济规律支配的世界。只有更理性地认识世界，才能更好地生活。好在有学校已经行动起来。有学校在初一至高三阶段，便开设起了丰富的经商课程，涵盖商科、经济、会计等课程。

事实上，学校和家长重视商业和经济教育的目的不在于期望未来每个孩子都成长为企业家，而是将经济商业作为一种通识教育，扎根于孩子们的思维中，教会孩子们敏锐洞察商业现象，培养商业逻辑思维，以一种全新的思维方式和视角去认识理解我们所处世界的运行规律，这与今后要不要从事经济相关工作或许无关。

当教育变成"服务业"，
受损的是孩子

一个常识

商业的本质是迎合，教育的本质是改变。

教育观点

不要混淆了服务与教育，不要将在商业中获得的"上帝"感转移到学校，教育不是也不应该是服务行业。学校不应该迎合学生和家长，家长也不要迎合学生，而是要"迎合"教育的规律、学生成长的规律。

    商业有其力量，但我们必须警惕商业意识对教育的"入侵"，因为二者在本质上是不一样的，甚至是相互对立的，有着难以调和的矛盾。如果说商业的本质是一种迎合，以满足对方为宗旨，那教育的本质就是一种改变，以唤醒激发学生为宗旨。

无论家长还是学校老师，都时刻需要思考一个问题：你此时是在迎合你的孩子，还是在改变他，让他变得更好。

商业的本质是迎合

商业的本质有很多定义，但最简单、最本质的理解就是两个字：迎合。迎合意味着，你想要什么就给你什么，你怎么舒服就怎么满足你，只有你想不到的，没有商家做不到的。在商业的世界里，你可能真的就是"上帝"，不再像古代社会里，物质消费还有阶级等级的差异，在以金钱作为价值标准的现代商业社会里，随时随地有无数人在为你提供你想要的服务。

商业迎合你的个性化需求。比如，咖啡品牌提供了多种口味、规格、温度、甜度等的咖啡饮品。你想喝碳酸饮料又不想长胖，于是有了零糖、零脂肪、零卡路里的汽水满足你的愿望。商业迎合你的时间需求，你想在深夜12点吃夜宵，你想在冬天吃上夏季的蔬菜，在沙漠喝到冰镇的汽水，都没有问题。商业迎合你的便捷需求，APP提供了一站式的网上购物平台，支持多种支付方式、快速配送、无忧退换货等服务，外卖小哥24小时将附近的商品送到你的门口。商业甚至迎合你自己都不知道的需求，于是诞生了触摸屏手机、美颜手机、无线降噪耳机，有了躺在沙发上可以刷一天仍乐此不疲的短视频、综艺节目、影视剧。在尝试了很多新品之后，你发现原来世界上有这么多好吃的东西，有这么多好玩的东西。于是，消费主义和娱乐主义蔓延开来。

迎合就是讨好。商业是一个妥协的过程，只会尊重你的主观意志和感受，只会让你舒服满意，在商业的世界里，绝对不存在"良药苦口，忠言逆耳"一说。所以，当你凌晨想吃烧烤的时候，商家不会对你说那是不健康的。当你想睡觉的时候，商家只会给你递上舒服的枕头，不会说在大庭广众下躺着睡觉不太优雅。当你想刷视频的时候，机器算法会给你推荐你最喜欢的内容，不会说你是在浪费大好的青春。商家不太关心你的身心健康，不会逼你做那些艰苦但对你有益的事情。他们不会告诉你世界的真相，人生的真谛。

慢慢地，我们的教育也正在产生更多的迎合。在学校，为避免麻烦，有老师过度宽容学生的过错和不当行为，也对很多家长的无理取闹妥协；为赢得孩子喜欢，有老师给孩子提供不恰当的物质奖励或特权；为赢得家长的好感，有老师投其所好，报喜不报忧。对教育质量的评价，往往需要一个很长的时间维度。而我们习惯了即时评价，这也影响到了学校教育，

"即时获得学生和家长的好评"让不少老师放弃了对教育终极目标的追求，转向迎合，而部分家长对待学校也有了"我是顾客，顾客就是上帝"的想法。

在家里，迎合就更加普遍了。只要孩子一哭，往地上一躺，父母就很难拒绝孩子的请求，即使他想要的是昂贵的玩具或不健康的食物，即使破坏公序良俗。只要孩子别来烦自己，只要能避免和孩子的争吵冲突，父母就无下限地迎合孩子的需求，允许孩子长时间使用手机、平板，熬夜晚睡、打游戏。

当下，不少老师父母都在尝试着做"老好人"，做不敢对孩子说"不"的人。

教育的本质是改变

和商业的迎合不同，教育就是要去改变学生，让他们在知识、思维、能力、品格、精神等方面不断地取得更好的改变。

教育要改变学生的能力和思维。以结构化思维为例，我们很多时候抓不住重点，其实是因为我们思维缺乏结构。结构化思维的特点是：分层分类，不漏，不重复。教育如何培养起学生的结构化思维？一个好的方法就是借助思维模型，通过在日常的学习生活中不断地使用各种思维模型来养成，比如KWL模型，关于一个知识，你已经知道的（Known）是什么？还想知道（Want to know）什么？新学习到的（Learned）是什么？再比如GROW模型，你想要的SMART目标是什么？如果不行动会有什么后果？现在什么情况？问题是什么？你做了哪些努力？结果怎么样？

再以批判性思维为例，在各种观点信息满天飞的网络热搜之中，如何让学生学会理性客观地看待这些舆论？曾有热搜报道指出，外卖骑手为了满足平台的配送时间要求，常常不得不超速行驶、违反交通规则，甚至在工作中遭遇事故。于是，外卖平台成为舆论的"众矢之的"，被指责"无人性""唯利是图"。那这样的情绪宣泄或道德评判是理性的吗？其中的利益相关方只有平台吗？还可以有更多的观察和思考视角吗？放宽配送时间要求真的就一定能解决问题吗？

具备基本批判性思维的学生，不会轻易被情绪绑架，不会仅凭单一信息或非结构化的信息轻易做出结论。相反，他会收集不同渠道的信息，辨别不同渠道的可信度，从而判断信息的真伪和相关性，识别和思考事件中的利益相关方，用逻辑推理代替情绪，从而得出更理性的结论。

教育还要改变学生的品格素养。一场商业挑战赛，有高三的学生在参加了几届之后，且在获得金牌之后，依然选择参加，哪怕面临考试、大学申请的繁重任务，因为是真的热爱商赛的舞台，享受大于比赛。上一届决赛获得铜牌的学生，发誓要拿下金牌，于是在决赛前几周放学后，和队员们站在学校大门口，面对人来人往，用英语练习演讲。教育让他们因为热爱而付出，因为希望而坚持。

教育还要让学生变得更有仁爱之心。仁爱之心即是同理之心，怜悯之心。往大的方面说，教育要让学生对世间的疾苦有所体悟，对他人的遭遇有所共鸣，有家国情怀、有一颗悲悯之心。不要做冷漠的学霸，不要做两耳不闻窗外事的"书呆子"，不要把老师父母他人的付出都当作理所当然、心安理得，不要做沉默的大多数。往小的方面说，教育让学生可以在炎热的天气中给环卫工人递上一瓶矿泉水，自然地捡起路边的易拉罐放进垃圾桶，下雨天为路人撑起伞送一段，把家里的垃圾规规矩矩地分类处置。

也就是说，教育是在让人变得更好，走向更为完善的、大写的人。

但改变是困难的

改变意味着走出舒适区，意味着告别习惯、告别路径依赖，甚至意味着自我否定，因此改变通常是痛苦的，至少是不那么快乐的。这也是为什么真正的教育很难发生。一个人想要改变，需要克服很多的障碍和困惑。

　　首先是来自环境的挑战。你想让孩子爱上阅读，自己却一年不读一本书，你想让孩子每天坚持运动，自己下班之后却拿着手机躺在沙发上一动不动，这样孩子是无法做出你期望的改变的。其次是动力的缺乏。一个人想要改变自己，往往是因为对现状感到不满意或者有更高的期望，但是这些并不一定能够转化为强烈和持久的动力。如果没有明确和具体的目标，没有可衡量和可实现的计划，没有相关和时限的行动，就很容易失去方向和意义，所以需要设定一个符合SMART原则（明确、可衡量、可实现、相关、时限）的目标，并制订一个合理和可行的计划，以及一个具体和明确的行动，但没有人来教孩子们做这些事，甚至问题的根本在于，在吃穿不愁的当今家庭中，孩子无须有明确的目标。

　　改变，还意味需要付出很多的努力和时间。想获得好的成绩，可能意味着你不能睡懒觉，不能随意浪费时间，你得牺牲那些让你愉快的事情。想要获得健康的体魄，可能意味着你得拒绝那些诱人的垃圾食品碳酸饮料，在日复一日中坚持枯燥的动作步伐，忍受更大剂量之后的肌肉酸痛，在40摄氏度的高温或零下几摄氏度的寒冷中一如既往。想要获得优异的演讲能力，可能意味着你得经历几个星期的持续紧张，演讲前夜的失眠，正式登台前的心跳加速、呼吸困难。想要在某方面获得超越别人的优秀，可能意味着你得有超常的付出，你得学会忍受孤独、枯燥，你还得学会如何面对失败，如何在无数次的放弃想法之后重新开始。

总之，改变不会轻而易举发生，改变就是要走出舒适区，去做那些充满挑战的事，让自己紧张的事，让自己必须绞尽脑汁、全力以赴、注意力高度集中才能完成的事，甚至经历身心的疼痛。正如尼采的那句名言：凡杀不死我的，都使我更强大。这正是教育的意义，让美好的改变发生。

警惕孩子掉入"浅舒适区陷阱"

一个常识

消费主义+娱乐主义=浅舒适区陷阱

教育观点

随着物质需求越来越容易被满足，且被过度满足，消费主义和娱乐主义共同挖出一个"浅舒适区陷阱"，越来越多的人掉进这个陷阱而不自知，甚至乐于享受即时满足、快餐化满足、碎片化满足带来的快乐，最终放弃价值追求和个人实现，导致人生的空虚。教育的使命之一，就是要让学生跳出娱乐主义和消费主义的"浅舒适区陷阱"，追寻人生的价值和意义，这也是教育的终极关怀。

当下及未来，我们的孩子不会吃不饱穿不暖，不会缺少休闲娱乐方式。相反，你看家里那堆积如山的玩具，大街上超重的孩子们，手机不离手的年轻人，未来人们的人生挑战不在于物质和娱乐需求太少，而是太多。

商业的力量惠及我们之时，也在潜移默化中改变着我们，并且是以一种难以察觉的方式朝着不太好的方向而去，其中最大的两个后果就是消费主义与娱乐主义的盛行。对此，我们必须察觉和行动。

警惕孩子掉入消费主义和娱乐主义的陷阱

过去十年中国的快递业务量增长了近15倍，2023年达到了1320亿件，平均每个中国人一年收到100件快递，且这一数量还在持续增长中。"6·18""5·20""七夕节""双十一""双十二"，一年有无数个疯狂购物节，有无数个购买的理由和机会，清空购物车成为一种人生理想。消费，构成了时代的主题，我们的孩子正生活其中，也深受其影响。

一份聚焦"05后人群"的消费趋势洞察报告显示，约半数"05后"受访者购买过奢侈品，包括鞋、手机、腕表、包包、服装，十分之一的"05后"受访人群购买过单价超过5000元的商品。追求品牌、限量款、明星款，成为很多孩子的选择。明明比父辈们的童年时代条件好太多了，可为什么现在的孩子还是想要更多、更好？

因为这正是消费主义希望把我们塑造成的样子——一个合格的消费者。合格消费者意味着，最好无法对任何目标保持专注专一，缺乏定力，又容易冲动，如此就能成为追求"即时满足"的奴隶。网络上琳琅满目的产品和广告宣传无时无刻不在冲击着我们的感官，刺激着我们的欲望。在那些充满诱惑的步行街和购物商场里，在让人眼花缭乱的购物APP和"种草"社区中，我们被训练成了合格的消费者，追求买什么、如何买，而不问为什么买。在这些为消费营造的奇幻世界中，从一个诱惑到又一个诱惑，从吞下一个诱饵到转向另一个诱饵，我们就忙碌在这种轮回中，及时满足于眼、耳、鼻、舌、身、意，逐渐迷失掉自我，难有动力去思考自己人生真正的价值和意义是什么。

与此同时，整个社会似乎还充斥着这样一种文化认同，好像你只有买了这些或那些品牌，你的生活才算美满幸福。人们的自我表达也变得很直接、浅显，想成为什么人，拥有什么样的个性或品位，首先都是通过消费去表达。不知不觉中，人们所向往的生活，人的自我定义，与消费捆绑在了一起。

而事实上，我们所向往的生活，追求的目标，我们的选择，我们的审美、偏好、乐趣、爱好，很大程度上也只不过是被消费主义灌输的生活，而并非真正由我们自己独立、深思熟虑、理性思考之后的自由抉择。我们每天看到的电影、电视、广告、微博、文章、朋友圈，都在灌输着我们要去过怎样的生活，什么是好的，什么是不好的。

消费主义还带来价值观的偏离。不少年轻一代将人生简单地理解为努力学习，考上好的大学，找到好的工作，升职加薪，享受生活。人们所谓的"成功"，往往更多的是无谓的精神内耗。在消费主义的浪潮中，个人的价值往往与其所拥有的物质财富和品牌标签等物质符号挂钩。这极易导致人们忘记了自己独特的身份和价值，只是追求社会上所定义的标准和角色，这使得人们变得更加疏离自己真正的内心需求和价值观。

我们大多人通常都在说为了生存而忙碌，为了生存而竞争，实际上我们并没有到生死存亡的时刻，我们只是在为成功而竞争，正如罗素在《幸福之路》里所说：我们担心的不是不知道明天的早餐在哪里，而是不能比邻居吃得更好。

伴着消费主义而来的就是过度的娱乐主义，一切都朝着娱乐化的方向发展。

在移动互联网的今天，我们所看到的新闻标题、文章内容、短视频，第一要务是抓住观众的眼球，他们运用心理认知学、脑科学等学科知识去分析读者，不断用新奇、刺激、惊悚的字眼去获取点击量。大量的作者创作内容的出发点不再是表达自己的深刻而富有洞察的观点，他们想的是读者喜欢看什么、想看什么，而不是需要看什么、需要思考什么。

社交媒体正在以简化、戏剧化和情感化的方式呈现事件和信息，结果就是导致人们对复杂问题的理解变得片面和浅薄，人们也很难再静下心来进行严肃的阅读，深刻的思考，而是享受爽文、爽剧带来的快感愉悦。面对公共热点话题，更多的只是情绪的宣泄，而非理性的、有价值的探讨。

如今，娱乐早已不再是一种具体的活动，而是一种倾向、一种解读思路、一种生活姿态，这种姿态几乎可以应用在所有场合中。无处不在的娱乐主义，让很多事情的意义开始淡化和消解，失去严肃性。人们不再去追问事情的意义，于是公交地铁里都是拿起手机刷短视频、追剧的人们，停不下来，每个人低着头看着那么相似。

总结起来，在物质需求容易满足且过度满足的当下及未来，消费主义和娱乐主义将共同挖出一个"浅舒适区陷阱"，我们的孩子容易深陷其中，安享于物质带来的满足，沉浸在短视频、游戏、网络小说、购物、甜食带来的多巴胺快乐中，容易将快乐等同于幸福，错把幸福建立在外在的物质、外部评价标准之上，而忘了向内探寻。

每一个父母和教育工作者的使命之一，就是要让孩子跳出娱乐主义和消费主义的"浅舒适区陷阱"，通过习惯、思维、人文素养的培养，意识到幸福不是对物质、名望的更多占有，而是内心与精神世界的丰盈，有能力追寻属于自己的价值和意义。比如要重视培养孩子的独立性、批判思维，以及爱的能力。只有拥有独立的人格，批判性地思考，才能摆脱对物质的依赖，摒弃通过占有物品带给自己安全感的行为模式，而关注到自己真正的存在，获得丰富而真实的体验感受，如此才能通过爱和创造，去和世界重新相连，建立新的安全感。

要让孩子远离科技产品和流行文化吗？

对电子产品的态度，是父母们一个绕不开的课题。我们的孩子从出生那天起，便被各种电子产品、各种屏幕包围起来，无处可逃。孩子还没有学会走路说话，就已经被短视频吸引住了双眼，如果孩子很长一段时间没有吵闹，多半情况下是在玩手机、玩游戏，这也成了哄孩子的"有效"手段。

大部分人对电子产品的担心在于对视力的损害，或者是影响了孩子的学习时间。但事实上，我们对电子产品的危害认识远远不足，特别是随着短视频而来的流行文化的影响。美国心理学家吉姆·泰勒在他的《数码时代的教养指南》一书中，至少从时间侵占、自我认同方式、不良价值观三个方面分析了科技产品和流行文化对孩子的影响。

第一个影响是对孩子时间和精力的无限侵占。电子产品似乎是一个吞噬时间的黑洞，当电子产品占据的时间过多，花在一些健康的活动，比如学习、体育锻炼、面对面社交上的时间就会减少。同时，专注力受到影响，科技产品会让孩子养成一心多用的习惯，比如一边做作业一边发短信、刷视频，专注力、学习力、生活自理能力和情绪管理能力都受到影响。

第二个影响是传递许多不良的价值观。很多糟糕的价值观被流行文化带到学生面前，且隐藏在娱乐的外衣之下，以一种悄无声息的方式。而孩子们又缺乏足够的甄别能力和自控能力，很容易就被错误的价值观所误导，比如为了成功可以做出很多超越道德、伦理、法律的事，金钱至上主义，消费主义。

第三个影响是改变了孩子自我认同的方式，他们正在失去自我。自我认同，指一个人对所有跟自我相关的事物的认知和理解，包括他的个性、禀赋、智力、身体素质、兴趣爱好、人际关系等自我认知。如何看待自己，以及如何定义自己的身份，对一个人能成为什么样的人，选择什么样的人生至关重要。自我认同的前提是不断地灵魂的拷问，而互联网把认识你自己变成了表现你自己，大人和孩子都很关心做表面功夫，在意其他人会怎么看我，我怎么才能获得更多的正面评价。

于是，孩子们会过度依赖别人的评价。比如，把大量精力花在社交网络上，为了赢得别人的关注和点赞，去反思自己的形象。他们隐藏了自己的个性，把自己塑造成网络世界喜欢的样子，不知不觉地丢失了真实的自我。

总之，电子产品对孩子的影响，绝不只是对时间精力的侵占，更最严重的是对价值观自我认知的扭曲，特别是当一个孩子还在三观养成的重要阶段，当他们还不具备去抵抗这些"入侵"的独立思维能力时。可以看到，消费主义、娱乐主义和以电子产品为载体的信息洪流，相互交织在一起，正冲向孩子们，老师和父母必须和他们站在一起，共同抵御"洪流"的冲刷。在抵御这个"洪流"的过程中，孩子成长为一个完整且全面发展的人。大人们所能做的就是尽可能地减少孩子对电子产品的使用和依赖，引导他们理性地看待流行文化，让他们更多地与真实的人面对面交流，在真实的世界中脚踏实地的感受生活。

教育里的消费主义

最遗憾的是，消费主义与娱乐主义已渗透到了本该最纯洁的教育领域，改变了很多重要的东西，也让教育开始失去本真。

消费主义导致了学校教育的商业化和功利化。很多学校为了迎合家长和社会的需求，增加硬件设施、招聘名师、争夺优质生源，以提升学校的升学成绩和声誉。他们把教育当成一种商品来销售，把学生当成一种资源来开发。他们过分强调考试成绩和升学率，而忽视学生的全面发展和创新能力。这种学校教育失去了教育的灵魂和意义，造成了教育资源的浪费和不公平。

学校商业化的另一个负面后果是家长给老师送礼和老师有偿补课的一度盛行，消费主义用金钱作为标准，不再相信崇高，或者更相信金钱的激励作用，所以很多家长不再相信老师的崇高性和责任心，他们更相信礼物能够让自己的孩子得到老师更好的照顾。起初，是一个家长用这种不正当性去获得额外的收益，后来大多数人被"卷"了进来，大家都只能用这种不正当性去获得原本就有的正当性，后果是原本的正当性消失了，那些不送礼的家长倒成了"不正当性"。这形成了一种新的平衡，给老师送礼成了理所当然的一件事，老师也变得心安理得。但事实是，这里没有一个赢家，这种消费主义带来了整个教育的底层逻辑、师生关系的改变，一切都失去了正当性。

"以孩子为中心"
往往是一种慢性伤害

一个常识

以孩子的成长为中心，而非"好恶"为中心。

教育观点

要做到改变而不是迎合，要让孩子不掉入消费主义和娱乐主义的浅舒适陷阱，学校和家庭应该以学生的成长为中心，而不是以好恶为中心。很多时候，我们分不清楚到底怎么做才是真的对孩子好，我们以为的"好"往往是一种隐性漫长的伤害，而那些看似的"伤害"可能反而是有益的。

"以学生为中心"，一句大家耳熟能详的话，很多学校也将其作为一条核心的教育理念提出来，但这句话是不完整的。当我们说"以学生为中心"时，到底是以学生的什么为中心？

教育的本质是改变，改变带来成长，如果去迎合学生的喜好，让他们一直待在自己的舒适圈里，改变则不会发生，教育便失去其意义。因此，学校和家庭应该以学生的成长为中心，而不是以好恶为中心。

不要以孩子的好恶为中心

什么叫以好恶为中心？就是从底层需求出发，去迎合满足孩子的需要，给他想吃的、想听的、想玩的。很多时候，你满足孩子的需求只是为了尽快解决眼前的矛盾，是为了让眼下过得轻松一些，你却没有去想这些做法对他长远的成长有无益处，这就是以好恶为中心。当家长老师的决策服从于孩子个人的喜怒哀乐，孩子拿捏住了大人，教育也就消失了。

在当今物质丰盈的时代，几代人养育一个小孩的时代，以好恶为中心的抚养方式，放眼望去比比皆是：你家两个孩子在小区比赛跑步，老二好胜心强，跑输了就躺在地上耍赖，你过去说算是他赢了；你们几个朋友在聚餐，为了让孩子安静下来，你让孩子玩手机打游戏；你们家孩子看见别人家里有一个好玩的玩具，于是他就躺地上非要你给他买，你因为怕他躺地上就买了；小孩一放学书包就背在爷爷奶奶爸爸妈妈身上，他自己的内衣内裤该到洗的时候还不洗；孩子为了学习，就可以不整理房间；孩子想吃什么就吃什么，不在乎其他长辈的想法；孩子随时随地推翻和你的约定，随时随地在突破你的底线，你却随他而去。这些生活的日常，都是以孩子的好恶为中心。

很多时候，父母们从最本能的爱出发，付出了所有，却把孩子们推向了以自我为中心、任性、自恋、脆弱、冷漠、无担当的一端。近年来见诸报端的各类家庭悲剧、公众事件，背后的深层原因无一不能追溯到此。

要以孩子的成长为中心

什么叫以孩子的成长为中心？也就是说，无论学校还是家庭，当我们在为孩子做一件事之时，必须思考它是否有利于孩子的成长。此时我们的做法，是在让孩子变得更自私还是心胸更宽广，是懒惰还是更勤奋，是散漫还是更自律，是狡黠还是更良善，是懦弱还是更有担当，是自闭还是更开放，是指责他人还是更乐于反省自身？

如果说"以好恶为中心"的一个特征是孩子的需求得到外

界的及时满足，那"以成长为中心"则讲求的是延时满足，是先苦后甜，"甜"必须是自己所经历的"苦"的回报，而不是从父母那里毫无代价的获取而来。

想要获得健硕的身体，需要每天坚持运动一小时，无论刮风下雨还是有朋友聚会。想要有好的成绩，需要早上7点就在自习室里复习，上课专注听讲，下课认真整理笔记，晚上躺在床上再在大脑里回顾一下当天的知识点。想要成为一名歌剧演员，必须在别人中午休息时去空无一人的舞蹈室里练习舞蹈、声乐，必须在别人四处旅游的暑假里，坐车几小时去练习。想要获得成功，你必须经历一些失败，可能是人际关系的失败，可能是能力不足带来的失败，可能是心态不好带来的失败，你必须总结经验，重整旗鼓，之后可能还是会失败。

无论家长还是老师，我们都希望孩子好。但很多时候，我们分不清楚到底怎么做才是真的对孩子好，我们以为的"好"往往是一种隐性漫长的伤害，而那些看似的"伤害"可能反而是有益的。

看到孩子成长里的必然性与偶然性

关于成长这件事，我们还需要一个更宏大一点的视角，这涉及成长的必然性与偶然性，或者说是教育的必然性与偶然性。很多人从来没有注意到或者仔细思考过这个问题，包括一些在别人眼中较为优秀的家长，他们可能有较高的学历、丰富的人生经验和管理经验，对世界有自己的洞察见解，但在子女教育问题上，他们也会遭遇不少"挫折"，甚至是无助、盲目、焦虑、妥协。

原因在于，他们在孩子教育这件事上投入的情感因素过多，从众因素过多，而理性不足。他们缺乏对教育上的偶然和必然的理解，他们很多时候冲着偶然性而去，不知道必然性才是重点。

什么是教育的偶然性？就是短期目标的实现受偶然因素的影响很大，越短期越具有偶然性，比如中考成绩、大学录取。家长们太在意成绩这件事，为了中考、高考提高5分，大量的精力放了补习、培训上，但是考696分还是701分，这里面充满了很多的偶然性，考试前的一次头疼发烧，一次计算的大意失误，都是决定成绩的偶然性因素。再拿申请国外大学来说，进入高中之时，如果是冲着顶尖名校而去，谁也没有把握说一定会被录取。比如一个孩子要被剑桥大学录取，需要参加至少三次大型的全球考试，每一次都不能失误，就算标化成绩无可挑剔，也不一定能进入大学的面试邀请环节，每年这种情况比比皆是，就算进了面试环节，还有几轮面试，而所有这些环节都不是百分百可控的，有不少偶然因素影响着结果，这就像你无法精准预测明天的股市是涨还是跌，涨多少跌多少一样。

什么又是教育的必然性？就是长期来看，一定成立的东西。这就是我们在第1章里提到的"育"，如果教育把一个孩子培养成这样的一个人：能做到高度的自律、拥有良好的行为习惯、丰盈的精神世界，有自我价值追求，能够认识自我并接纳自己以及这个世界的不完美，处理好与自己以及外界的关系。无论这个孩子眼下的成绩如何，我们有理由相信未来这个孩子的人生大概率会是幸福的。

当下，很多家长的注意力都集中在那些偶然性的事情上，为孩子的考试成绩起伏而焦虑。他们忽略了去关注孩子良好的行为习惯、健全的人格特质，事实上这些才是决定孩子未来人生幸福与否的关键因素，更重要的是这些能力品格是可以通过良好的教育去实现的，是充满了必然性的事情。

让孩子对艰苦而美好的事情上瘾

教育的本质不是迎合，而是改变。改变意味着走出舒适圈，去做那些费力但结果又能带来美好改变的事情，如此不断地扩大自己的舒适圈。

无论是一个家庭还是一所学校，要能够让学生对那些美好而艰苦的事情上瘾。这需要智慧，我们现在非常流行的PBL、任务型学习，存在很多伪问题和虚假场景，每个人在里面表演，而不是真正地去感受、去改变。我们要帮助学生提升能力和思维品质，借助他们的知识和技能不断提升人文素养；我们要为学生营造真实的场景，找到那些真实而有挑战性的任务，让学生实现大规模协作，有真实的冲突，有对冲突的管理。

很多时候，不是孩子吃不了苦，不是他们不听话，是我们大人没有给他们机会去成长，是我们"保护"得太好，是我们塑造了他们现在的样子。

第 4 章

AI时代，知识既"有用"又"无用"。教育不应该只停留在传授知识和技能这一个层次，而更多地需要迈向"能力与思维、人文素养和审美"的培养；教育不能只是把人培养成"螺丝钉"和"机器"，不只是要孩子们"成才"，更要让他们"成人"，教会他们直面未来的勇气和能力。

AI时代，知识既
"有用"又"无用"

一个常识

知识和技能对人才的区分度在下降。

教育观点

教育分为三个层次：第一个层次是知识与技能，第二个层次是能力与思维，第三个层次是人文素养、审美和价值观意义感。我们把大部分时间精力放在了知识技能的传递上，在能力与思维的培养、人文素养审美和价值意义的培养则严重不足，而后两个层次才是事关我们人生幸福的关键，未来在人才的区分度和人生幸福上，也将扮演更重要的角色。

教育就是教授知识和技能，学习就是学习知识和技能。这个认知曾经是天经地义。但，知识和技能并不是教育的全部，尤其是在AI突飞猛进的今天，"人"的本质都需要被重新定义，而"教育"，更需要被重新定义和理解。

通常有两种方式可以弄清楚一个事物的概念，一种是直接给出定义，比如电脑或人的学术定义，但人们并不习惯于这种定义方式；另一种是通过否定来排除"不是什么"，从而间接建立起"是什么"的直觉，大多数时候，人们是依赖这种直觉来获取对一个事物的了解。当原本只有人才具备的技能，只有人才能做的事，比如说话、虚构、讲故事、下棋、作曲、翻译等，AI也能做时，人的内涵自然就被动地缩小了范围。教育也是如此，识字、算数、画画，现在即使不通过"学校教育"也可以实现，甚至只需在机器的帮助之下就可实现，"教育"的内涵也缩小了范围。

那么，教育的本质内涵，或者说教育的目的是什么？不同的文化、不同的人可能对教育的目标有不同的看法，但存在一些普遍认可的教育目的：

知识传递：教育的一个主要目的是向学生传递知识，包括科学、文学、历史、数学等各个领域的基本概念和原理。

思维能力培养：教育旨在培养学生的思维能力，使其具备

知识和技能对于人才的区分度在下降，原本最不易评估，因而最被忽视的**能力 | 思维 | 人文 | 审美 | 情操**变成决定性要素。

教育的三个层次模型

批判性思维、创造性思维和解决问题的能力。

社会化：教育有助于培养学生成为社会的积极成员，学习社会规范、价值观和公民责任。

个人发展：教育不仅关注学科知识，还注重个人的全面发展，包括身体健康、情感智力、社交技能等方面。

就业准备：教育提供了人们获得特定技能和知识的机会，为其未来的职业生涯做准备。

文化传承：通过教育，可以传承文化、语言、价值观等重要元素，使新一代能够继承并理解前人的经验和智慧。

培养公民意识：教育有助于培养公民意识，使学生了解并参与社会和政治活动，推动社会的进步和改善。

对这些教育目的进行抽象分类，我们可以把教育分为三个层次：第一个层次是知识与技能的传递，第二个层次是能力与思维的培养，第三个层次是包括审美、情操在内的人文素养的培养。这里需要注意的是，只有知识和技能可以通过"授课"和刻意练习的方式传递，思维、能力、素养等都只能通过打造适合的生态环境来孕育、培养，无法直接传授。

第一个层次：知识与技能

教育的第一个层次，即知识与技能。这是"教"的范畴，主要侧重于学生对于各种学科领域的具体知识、事实和技能的掌握。

什么是知识与技能？简单地理解，就是我们口中常说的书本知识，涉及语文、数学、自然科学、社会科学等多个学科领域。这些知识的学习既包括基础理论的学习，也包括实际应用的技能培养。例如，在语言文学方面，学生需要学会语法、写作技巧等，而在数学方面，学生需要掌握基本的运算法则、解题方法等。

学习知识与技能是我们中国学生的强项。就算是放到全世界去，我们的学生也很擅长在各种考试中获得高分，尤其在数学、科学等领域，我们的学生有扎实的学科知识。我们中国人的勤奋刻苦不只是在工作事业中，同样体现在基础教育当中，这些都是我们中国学生在知识与技能层次上的优点与优势。

但物极必反，我们当下在知识与技能层次上投入了太多时间和精力，我们过度刻意练习产生了不少值得警惕的问题。比如，我们的教育在很大程度上强调死记硬背，对培养学生的创新和批判性思维不够重视；我们的学生学业负担太重，很多时候缺乏足够的时间和机会参与课外活动，从而限制了他们综合素养的发展；我们的学生可能面临极大的学业压力，这可能导致焦虑、疲劳等问题；我们的教育过于侧重理论知识的传授，学生在实际问题解决中可能缺乏实践经验。

第二个层次：能力与思维

教育的第二个层次，即能力与思维，强调的是个体在知识的基础上培养和发展的广泛技能、综合能力以及高层次思维。

能力的培养涉及多个方面。学生需要在学科领域中逐渐培养出独立思考、分析问题的能力，包括但不限于科学领域的实验设计、文学领域的创意写作、数学领域的问题求解等。同时，跨学科的综合能力也变得至关重要，培养学生在跨领域情境中综合运用知识的能力。

思维的培养强调的是学生的思考深度和广度。这包括发展批判性思维，使学生能够审慎评估信息、质疑，并形成独立见解。同时，培养创造性思维，激发学生的创新潜能，使其能够在现实问题中提出新颖的解决方案。还有结构化思维，让学生建立属于自己的知识体系，更有逻辑地表达、沟通和呈现。

人类学家尤瓦尔·赫拉利在《人类简史》中就提到，无论科技怎么发达，人工智能和大数据以及生物信息工程如何进步，人类有四个特别优势，是无法被短时间或者完全取代的，那就是批判性思维、沟通能力、协作能力和创造力。

这里我也认为，在未来教育中，批判性思维，结构化思维和创造力是越来越珍贵的东西，也是越来越值得学生习得的东西。在数学、语文、历史、政治等任意学科里，我们都要有意识地培养学生的这些思维和能力。

创造力是思维和能力最重要的表现，缺乏创造力，本质上不是缺乏想象力，而是逻辑思维和批判性思维不足，找不到问题的关键，不能及时发现问题，也就无法提供系统方案。有人说，能不能开几门培养创造力的课程呢？当然不能。因为创造力没办法教授，只能培养。逻辑思维和批判性思维同样无法直接教授，只能培养。

第三个层次：人文素养、审美和价值观意义感

人文素养、审美和价值观意义感是教育的第三个层次，也是教育希望带给学生的最重要也是最高的层次。教育不只是教授知识，也不只是追求能力与思维的提升，更要注重培养学生的情感、价值观、文化意识和社会责任感。

当我们说"人文素养"的时候，其实是把情感、态度、价值观、品行、审美等都放到了一个范畴，它包括真伪、善恶、美丑、生死、自由、真理、意志、情绪、责任、正义、意义、价值、惩罚、平等、欲望等。人文素养赋予一个人丰盈的精神世界，独立的思考能力，独立的精神和思维，帮助其活出生命的高度。

首先，人文素养包括对人类文明的了解和尊重。学生需要通过学习历史、文学、艺术等人文学科，深入了解不同文化、传统和思想体系，培养跨文化的理解和尊重。这有助于拓宽学生的视野，使其更加包容和开放。

其次，人文素养强调价值观和意义感的培养。教育应当引导学生审视自己的价值观，培养正直、责任心和道德品质。通过文学作品、哲学思考等途径，学生能够更深刻地理解善恶、美丑、生命本质，形成健康的人生观和价值观，也找到自己人生的意义感，得以摆脱生命的平庸，在这纷繁复杂的大千世界之中，寻得一处灵魂的安身立命之所。

最后，人文素养还包括对社会责任的认知。学生需要理解自己在社会中的角色和责任，培养公民意识和社会参与能力。这有助于形成积极的社会态度，激发学生为社会进步和改善贡献力量的愿望。

文学、艺术、哲学等学科在人文素养的培养中扮演着重要的角色。文学通过叙事、描写等方式，能够唤起学生对人性的思考；艺术通过表达情感、传递文化，有助于培养学生的审美情感；哲学则引导学生进行深入的思辨，帮助其理解自己、社会和世界的本质。

无论世界发展到哪个阶段，都需要理性，需要人文，需要科学，需要温暖。而面向未来的学生应该接受一种教育，既有效率的提升，也能够直面人性。这既是我们对学生的期许，也是自我期许和对教育的期许。

总结来说，相比较而言，知识和技能是显性的、短期的、易评估的，是一种工具理性，像漂浮在海面之上的冰山，而思维、能力、品格、修养等却是隐藏在海面之下的巨大冰山，是对我们影响最大的部分，是隐性的、长期的、难以评估却力量巨大的存在，是价值理性，是我们无意识中区分我们之所以是我们的所在，是我们安身立命所在。

未来，AI能代替我们完成很多技术性工作，很多知识和技能成为大众必备的素养，知识和技能对人才的区分度将下降，以前原本最不易评估，因而最被忽视的能力、思维、人文、审美、情操将变成决定性要素，成为人才胜出的决定性要素，也成为一个人是否幸福的决定性要素。

机器人，不是智能机器，是沦为机器的人

一个常识

人是目的，不是手段，不是机器。

教育观点

AI时代将是一个完全不同的时代，信息爆炸与信息茧房双重作用，消费主义与娱乐主义共同挖出"浅舒适区陷阱"。我们面临的最大挑战并不在于机器越来越像人，而在于人会不会变成"机器人"——没有价值追求，没有目的和意义感，人的意义被瓦解。在这样的大背景下，"教育""学习""学校"都不得不被重新定义。

2023年被Open AI的CEO山姆·奥特曼（Sam Altman）称为"世界开始认真对待人工智能的一年"。这一年，ChatGPT横空出世。如同《三体》里出现在汪淼等科学家眼前的倒计时是三体世界展现给少数人类的"神迹"，ChatGPT是AI展示给全人类的"神迹"，一个史无前例的时代正式拉开了序幕。

从计算机出现的那天起，人类一直在思考：机器是否能有类似于人一样的智能？如果有，会在什么时候，以什么样的方式出现？如果出现了，它将对人类的生活产生什么影响？而现在，这一刻似乎来得猝不及防。在不到100年的时间里，计算机就从最初那个笨重的庞然大物，走到了让人类无数聪明的头脑都担忧的地步。

人工智能的快速发展，引发了我们内心某种本能的恐惧，恐惧在某个清晨醒来之后，自己就被人工智能所替代。我们不仅担心自己，更担忧子女的未来。担忧他们现在所接受的教育是否过时？担忧他们未来是否会被人工智能所取代？

孩子生活的世界，可能会变成什么样？

冲击不仅仅只发生在教育领域，还存在于未来的每一方面。无论是家长还是教育工作者，我们都不得不思考这样的问题：我们的孩子将生活在一个怎样的未来？我们至少要去想，十年、十五年后，他们生活的世界是什么样子？如果不做这样的预测和思考，那么今天所有的教育可能都是缘木求鱼，变成徒劳。关于"孩子们将会生活在怎样的未来"，我们有以下3个判断。

判断1：我们的孩子将生活在信息爆炸和信息茧房冲突加剧的未来。1900年，所有的数学知识可以装进1000本书。100年过去，需要10万本书才能装下所有数学知识。同样，在1992年，每天产生的数据是100GB，可以装入一个U盘；而到2025年，每天将会产生163亿GB的数据。据统计，国外某视频平台每天更新的短视频时长达72万小时，而人一生哪怕活100年，也只有87万小时。换句话说，我们用一生的时间都看不完一天的短视频。这就是我们的孩子将会面临的信息爆炸加剧的未来。在信息爆炸的时代，如果我们的孩子只是随机接触信息，他可能终其一生都接触不到有用的核心信息。

但同时，他们又可能被困在一个个由数据和算法构建的茧房里。在算法主导的今天，大数据已经可以精准地将不同的信息投送给不同偏好的人。开始，我们只会看到愿意看到的；后来，我们只会看到别人想给我们看的。由此，我们的教育面临的第一个挑战是：我们有没有能力让孩子们在未来"破茧而出"，做信息爆炸世界的"采蜜人"？

判断2：我们的孩子将生活在机器越来越智能化、人类大脑可能逆向进化的未来。我们今天看到所有AI的应用，仅仅只是开端。正如计算机科学家、神经科学家杰夫·霍金斯所说，1950年，没有人预料到计算机将如何改变媒体、通信和商业。而今天，我们同样不知道机器智能将会是什么样子，以及70年后我们将如何使用它。

在过去的3000~5000年，人类的脑容量下降了约10%。工业革命以来，机器解放了我们的四肢，代替我们奔跑、劳作。可是，机器好像也"废掉"了我们的四肢，我们现在不得不围着操场走圈来保持行走的能力。未来，机器会越来越智能，解放人类的大脑，代替我们思考，甚至帮助我们做决策。可是，机器是否也会"废掉"我们的大脑？我们的教育能够保证我们的孩子，在未来拒绝"人的机器化"，能够让他们的大脑继续进化吗？这是教育面临的第二个挑战。

判断3：我们的孩子将生活在一个"物质过度满足和价值感缺失导致的更虚无"的未来。未来，对很多人来说，物质上的需求都将更容易满足，且过度满足，消费主义和娱乐主义共同挖出一个"浅舒适区陷阱"。在这个陷阱里，我们会很高兴地享受其中。我们吃着快餐、预制菜，进行着浅思考、浅社交，追求多巴胺的快乐，深陷其中，不愿也不能自拔。

我们的孩子可能生活在即时满足和价值感缺失导致的空虚的未来。而"浅舒适区陷阱"又让我们缺乏深度思考，带来人生意义的缺失。这就带来教育的第三个挑战：我们的教育该如何帮助孩子们跳出娱乐主义和消费主义的"浅舒适区陷阱"，追寻人生的价值和意义？

每一个父母和教育工作者都需要思考：什么样的教育才能帮助孩子们，面对未来的不确定性？又有哪些教育观念是我们习以为常、但可能早已"不合时宜"的？我们如何才能帮助孩子们，在AI时代，实现生命的价值和意义？

孩子的学习，可能会变成什么样？

AI时代，教育将发生什么样的变化呢？孩子们的学习会发生什么样的变化呢？在我们看来，这样的时代，既为教育平权提供了更多可能，也会让教育重心发生转移。

互联网普及的今天，网络成了我们生活中无处不在的"老师"。我们可以在网上观看世界顶尖名校的公开课，查看名校名师的教学视频、演讲视频，甚至可以跟他们留言互动。智能化和信息化打破了学校曾经对教育资源的垄断性，以前只有极少数人才能获得的资源，在网络上在更为广泛的群体中传播开来。而这一趋势，在AI时代将会实现再次跨越，为教育平权提供了更多可能。

AI时代，学生的学习方式将发生巨大的改变，甚至颠覆传统的学习方式。什么是传统的学习方式？一个老师备好课，按照课件来讲，讲给平均水平的学生听。这种学习模式是工业化、标准化的学习，知识由老师单向度地传递给学生，学生被动地接受知识，学生缺乏主动权，不参与决策。

AI的颠覆在于，学习将超越时空，想象一下每个学生都有一个专门负责答疑解惑的老师，就像亚里士多德辅导亚历山大一样，但同时对学生的能力要求也更高了。借助AI，一个越有逻辑思维，越有批判思维，越会提问的人，可以学得更快、学得更多。AI时代，你提问的能力，决定了你学习的广度和深度。同样是运用AI来了解"侘寂风"，会提问的人和不会提问的人收到的答案会完全不一样。不会问问题的人，在"什么是侘寂"之后，就不知道要问什么了。而一个会问问题的人，他很快会在头脑里面产生结构化的逻辑思考：侘寂是一种哲学还是一种美学上的命题？它诞生在哪个历史时期？它的主要主张什么？它跟其他风格的主要区别在哪里？它现在主要在哪些区域流行？它的出现是否受当代的哲学思潮影响？

也许我们正在重返轴心时代，那个以"对话"的方式来学习的时代。在AI的世界，你的老师可能是苏格拉底，也可能是孔子，他们会不断跟你对话，而你则负责思考和追问，并从中激发新的思想。但并不是每个跟着苏格拉底的人都可以成为柏拉图，不是每一个孔子的学生都可以成为七十二贤人。即使面对同样博学的AI老师，每个人的成长很可能也是完全不一样的，提出问题的能力变得前所未有地重要。

但现实情况是，我们的孩子恰恰不擅长提问，他们普遍擅长答题，而不擅长提出问题。我们常常发现，在中学乃至大学演讲、讲座之后，全程都听得很认真的学生热情地站起来提问，但常常问了半天，大家都不知道他的问题是什么，通常也没有问到关键点上。为什么会这样？因为一直以来，我们教给孩子的就是"寻找正确、标准的答案"，而不是提出有价值的问题。他们没有接受过这方面的思维培养，不知道什么是好问题，更难以提出好问题。这是我们教育缺失的一面，也是AI时代教育最需要转变的一面。

重新审视教育，重新发现人的价值

牛津大学人类未来研究所、耶鲁大学和AI Impacts的多名专家曾对数百名机器学习研究者进行了调查。结果显示，受访者们预计AI将在未来的30年内在多个领域赶超人类。无论是计算机程序员、软件工程师、数据分析师、财务分析师、个人财务顾问等这样的技术工作，还是广告、内容创作、技术写作、新闻报道等这样的创造性工作，都将受到影响。在未来，AI可能会独立完成这些任务，并且完成得比人类更好、成本更低。

我们很难去预测未来的世界，但作为普通人，我们仍可以预见一个大的趋势：原本只能人做的事情，更多地将由AI完成。以往知识和技能就足以让我们获得优势和价值，而未来，这种优势和价值将越来越难保持。

如何面对AI提供的知识？如何判断AI说的是真的？未来我们接收到的信息和影像是否真假难辨？我们是否会被欺骗，甚至被伤害？文章、故事、视频、绘画、剧本、无人驾驶、无人生产车间……当AI做这些工作比我们做得更快、更好时，当AI能帮我们去做决策和判断时，一个严肃的问题将摆在我们大多数人面前：我们如何来保证我们的人生还有价值和意义？这些都是紧急而又重要的问题。

但我们当下教育的关注重点仍然在知识和技能的传递之上。我们执着于刷题，沉迷于几分之差，将教育简单地归结于考了多少分，过了多少级，参加了多少比赛，拿了多少奖……我们努力把一个又一个的标准答案如思想钢印一般，植入孩子们的心中，直到把他们的创造力、感知力、批判思维等原本重要的东西挤压得所剩无几。我们执着于这样的教育，却不知越是标准的答案，将越容易被替代。我们怀着一份"为孩子好"的初心，却将孩子们变成了缺乏独立思想、缺乏批判思维、缺乏创造力、缺乏对生活的感知和热爱的"机器人"。

在我们看来，AI时代，教育最重要的两点是：对孩子的批判思维的培养，以及对人生价值、意义等终极问题的问答。当一个人过度依赖AI获取信息、全面接受知识时，他也就被剥夺了探索知识、培养思维的能力。警惕AI让我们变成一个失去思考能力的人，缺少批判性思维的人、虚无的人。

无论是批判性思维的培养，还是对人生价值、意义等终极问题的探寻，都不是教会的，而是培养起来的。这种培养需要真实的环境，需要学习思考的"独处感"，独自去真实地探索未知，面对从未有过的挑战。比如我们让学生参加EPQ论文项目、重庆Study的项目、商业挑战赛、在大剧院公演话剧等各类的活动与比赛，都是在真实的环境中培养起孩子们批判、协作、领导力、创新、演讲、沟通表达等思维和能力，都是希望他们能在真实环境中去经历、感受，用真实来抵抗"虚无"，在真实中探寻意义。

文津图书奖获奖图书《技术与文明》如此定义人与机器的边界：人与机器的边界，最危险之处并不在于机器能够变得多么像人，而在于人在多大意义上已经变得像机器——像机器一样只在规范之内定义自己，接受权威灌输和社会主流观念的潜移默化以及消费主义的各种操纵，而无力反思更高层面的问题。从某种程度上说，人与机器的关系，关键不在于机器会变得怎样，而在于人会变得怎样，以及人类在多大程度上还相信并努力实现自由、平等、尊严……这些世代以来被我们奉为"好的生活标准"的普遍价值。

要让孩子"成才"，
更要让他"成人"

一个常识

教育一半为效率，一半为人性。

教育观点

教育永远需要解决人类发展中的"效率"问题，"知识就是力量"，它需要作为工具理性而存在。另外，它还必须解决价值理性的问题，虚无、空心、无意义、价值缺失……现代人的普遍不幸福，可以通过教育来解决，从小学、初中就开始。

    几乎每个父母在给孩子规划未来的时候，不管他们所处的时间、空间、文化、历史背景有多大的差异，都会毫无例外地有一个最为朴素的出发点：希望孩子未来能过上好的生活。而"好的生活"最基本的前提是衣食无忧。正如马斯洛的需求层次理论，生理需求（包括对物质的需求）是人类最为基本的需求，人人都需要。

这就要求整个社会的生产力提高，以便给每个人提供满足其需要的物质保障。

而教育则通过人才、知识、技术等力量来帮助解决这个问题，这是教育比较实用、比较功利的一面，它回应了社会对它的要求，即"教育一半为效率"。但如果教育只解决效率问题，那肯定是远远不够的，它还需要解决人生价值等问题，即"教育一半为人性"。

教育一半为效率

教育的本质是什么？一千个人可能有一千种看法和定义。在教育学中，主要有5个主流观点，其中一个就是"生产力说"。"生产力说"认为教育就是生产力，类似于我们常说的"知识就是力量"。

下面这幅图，是从公元1500年，大概在大航海时代开始可以统计到的全球GDP的走势图。大家可以看到，在1600年左右发生了资本主义萌芽，出现了股票交易；1800年前后出现了工

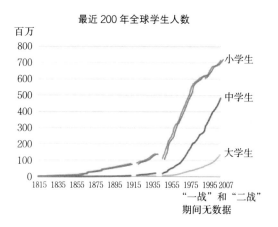

最近 200 年全球学生人数

百万

小学生
中学生
大学生

1815 1835 1855 1875 1895 1915 1935 1955 1975 1995 2007

"一战"和"二战"
期间无数据

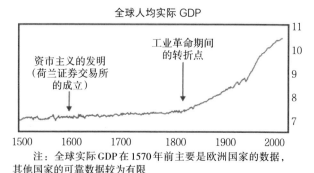

全球人均实际 GDP

资市主义的发明
（荷兰证券交易所
的成立）

工业革命期间
的转折点

1500   1600   1700   1800   1900   2000

注：全球实际 GDP 在 1570 年前主要是欧洲国家的数据，
其他国家的可靠数据较为有限

业革命，工业革命以后，GDP 的曲线突然呈陡峭趋势，一路高
歌猛进，GDP 增长迅速。

我们再来看另一个图，它统计的是全世界范围内学生的数
量，反映的是世界范围内的人口、受教育程度的情况。从 1855

年开始，受过小学教育的人数开始增加，而这个时间正是工业革命的开始。此后持续增长，一直到1915年左右，出现了数据的缺失，原因是发生了第一次世界大战。之后又有一段时间的增长，直到第二次世界大战又进入了断层，二战结束后到现在，则是一个长时间的、大规模大范围的增长。全世界范围内，无论是小学教育、中学教育还是大学教育，其人数都出现井喷式的增长，一直持续到今天。

这几条线的走势，和前面的GDP的发展曲线图几乎是吻合的。我们可以认为，是经济的发展促进了教育的发展。但反过来，教育的发展，也在作用于经济。教育通过科学、技术、分工、管理等方式，参与着改变世界，帮助世界以超出我们想象的速度发展。

从最为功利的角度来看，教育是生产力。不管我们赋予了它多少定义、功能和意义，在很长一段历史时期内，教育仍然需要解决效率的问题，需要回应社会对它的需求。

现代人普遍觉得不幸福，教育能做什么？

教育需解决的另一大问题是：人类社会生活中的人性问题。它关乎这个世界是温暖还是冷漠，是自私还是高尚，关乎这个世界是否公平、正义、平等、自由、博爱、求真，关乎生命是虚无还是有意义。我们的教育，在工具理性之外，还需要解决价值理性的问题。

在日常生活中，当我们说一个人受过良好的教育的时候，可能第一反应都认为此处的"教育"指的是学历，认为学历高受到的教育就必然好。但如果一个人学历高却出言不逊、傲慢无礼，甚至自私自利，对别人没有丝毫悲悯共情之心，这时候，人们通常会说："就你这样还上过大学呢？连一个大字不识的人都不如！"

你看，即使在这种最为平常的对话中，也能看出教育在工具理性（效率）之外，需要直面价值理性（人性）。

有一次，我们做了一个家长沙龙，全场100多名家长，他们中大部分都有着稳定而体面的工作和生活，衣食无忧。沙龙中我们问他们，你们觉得幸福吗？如果你觉得幸福，请举手。结果现场只有不到10%的家长举手。现场90%的人，在衣食无忧之后，并不觉得幸福。

很多人到中年后常常会感到迷茫，会感到失落不幸福，甚至觉得痛苦。曾经，他们以为只要自己努力奋斗，拥有足够的物质财富，生活就会变得更好，就会更幸福。当他们实现曾经的目标之后，却发现自己却并没有得到想要的幸福感。很多人产生虚无感、幻灭感，难以找到人生的意义。

我们现在的社会，科技取得了前所未有的发展和进步，它给人们的生活带来了翻天覆地的变化。但是，如果只有科技、只注重生产力，这个世界会是什么样呢？大概率，它不会是一个让大家喜欢的世界。它可能是一个冷漠的世界，一个工具理性统治一切，以至于人类的情感、真善美等价值无处容身的世界。它可能是赫胥黎笔下的《美丽新世界》，看似美好，实则让人觉得可怕。那样的世界，相信没有多少人愿意生活其中，更不会希望自己的孩子生活其中。

　　对生命意义的探索，对人生价值的寻找这些重要问题，教育是可以提供帮助的。从小学、初中、高中，再到大学，我们的人文教育、美学教育、哲学教育应该贯穿其中。我们可以带着孩子们一起，往前追溯几千年，去到人类文明的轴心时代，去苏格拉底、柏拉图、老子、孔子那里探寻生命意义、人生价值的答案。这一方面的教育需要从小就开始，而不是等到孩子们长大后，甚至等到他们成年之后，尝尽了人生的困难、压力、苦痛、伤病、亲人的离去等各种人生百味，变得迷茫、失落、虚无之后，再去探寻。不应该让他们在被逼无奈之下，再去寻找答案和力量，而应该在一早，就给他们种下力量的种子。

　　这些都是我们的教育本应该去解决的问题，但又是当前的教育评价体系所不考的。因为不考，所以很容易就被忽视了。大家都以为它不重要，但其实它对孩子终身的影响，远比一次两次考试重要。考试没办法教会孩子应该如何去面对真伪、善恶、美丑、生死、自由、真理、意志、情绪、责任、正义、惩罚、平等、欲望……没办法解决他们"如何度过良好的一生"这个问题。这些都跟考试无关，却跟人性相关，是让孩子们未来最有可能找到人生意义和幸福的东西。教育必须直面人性，必须带领孩子们去寻找未来安身立命的东西。

一味强调智识教育，容易结出"毒苹果"

2021年《自然》子刊《自然人类行为》杂志发表一项研究指出，在批判性思维能力方面，中国重点高校学生入学得分为1.612，普通高校0.741。该成绩与美国学生成绩基本相当，但在毕业时，中国重点高校毕业生的批判性思维得分为1.339，较入学时下降17%；普通高校0.234，下降68%。历经大学四年的教育，我国学生批判性思维发展水平不增反降。类似的现象在中小学也普遍存在。

有学者将其总结为中国教育的"学业过剩陷阱"。简单来说，就是指以获取标准答案和高分数为主要甚至唯一价值取向，以死记硬背为主要方式的学习、教育和评价的总和。这使得我们培养出来的孩子，在知识、技能、解题能力、认真、勤奋等方面表现突出，但在实践能力、创造性、好奇心、思辨能力、团结合作、人生观、价值观等方面却存在结构性的缺失。

被誉为"整体微分几何之父"的陈省身教授，曾对中科大少年班的学生有一个著名的题词：不要考第一。在陈教授看来，当我们一味追求分数上的第一时，就会舍弃掉很多更重要的目标。

不仅我们，世界上其他国家的教育也有着同样的困境。20世纪80年代日本儿童教育专家井深大写过一本书——《精神·道德·情操：无视另一半教育的日本人》。在书中，井深大对日本的考试给青少年造成的戕害、给社会造成的影响进行了深刻的批判，并用了整整一章来讨论教育的真正目的是什么。井深大提出，精神教育能奠定科学的看法与思维方法的基础，认为实用主义片面强调智识教育，容易结出"毒苹果"。美国哈佛大学教授哈瑞·刘易斯在《失去灵魂的卓越》一书中，也对哈佛大学为代表的美国精英大学在若干年来"迎合商业需求、遗忘教育本质"进行了深刻的批判。

教育系统往往肩负着选拔人才的任务，为此它需要有各项指标来衡量和评判。而具体到个人，需要在选拔系统中成功，就需要让自己的各项指标都精确地符合规则所设定的标准，于是我们不断地让孩子刷题、刷题、再刷题。但是真实世界往往没有精确的标准，一切都是模糊化的，想要在真实世界中成功，需要的不是"让指标符合标准"，而是"在没有正确答案的世界里，自己找出要走的路"。

真实世界需要的是解决问题的能力、协调他人的能力、创造的能力、思辨的能力……这些能力很难在标准化的考试中体现出来，难以被量化衡量。这就造成了教育中的一个悖论：升学系统不考核的，恰恰是对我们孩子的人生来说最为重要的，也是最需要学习的。人工智能时代的到来，大量的效率问题会由人工智能和机器来解决。此时，更需要我们重新发掘教育"为人性"的一面，真正地把人当作"人"而不是机器来培养。

用"活在当下"，
来抵抗AI时代的虚无

一个常识

"虚拟"越发达，"现实"越珍贵。

教育观点

真正的教育需要真实的世界，让孩子们去体验、去经历、去生活。父母要做的，是让孩子有能力去做他们真正想做的事情。

什么叫"在真实世界中发生"？难道我们的教育是发生在虚假之中？我们每天送孩子上学、放学、上培训班、吃饭睡觉，都很真实啊，哪里不真实了？电影《楚门的世界》可以给我们一些启示。

我们每一个人都可能是"楚门"

《楚门的世界》相信很多人都看过。楚门住在一个与世隔绝的小岛上，他的每一天，从和邻居互道早安开始。他每天按部就班地生活，他学习、工作、恋爱、结婚……过着每个普通人习以为常的生活，看上去幸福而安稳。殊不知这样的生活，都是被导演、被安排的。30年来，他遇到的人、经历的事、遭遇的困难，他的爱好，他每天的生活，全都是安排的结果。

看电影时，很多人觉得楚门的世界虚假到可怕。他的生活在设计下，被打扮成外界喜爱的模样。但仔细想想，这不正是我们当下很多家庭教育的现状吗？

我们的孩子们可能没有生活在"楚门的世界"，但他们生活在"王门、刘门、赵门、钱门、孙门、李门……"的世界。每一个世界，都是父母亲人本着"为你好"的良苦用心。从出生开始，孩子们就生活在父母家人的安排中：该上早教了，该学钢琴了，该上奥数班了，该考级了，该参加竞赛了……什么时候做什么事，都被安排得明明白白。父母们尽可能将孩子置于自己的视线之内，从学习到生活极尽所能地安排、规划孩子的一切，无所不包。

传播学中有一个"拟态环境"的概念，指的是大众传媒在报道新闻事件时，并不是对客观事实真实的再现，而是经过了选择和加工，这样就营造出了一个由大众传媒塑造的"拟态环境"。同样地，在教育这件事上，我们的初心是"为孩子好"，想为他们屏蔽掉所有的困难、风险和消极因素，其实也是给孩子搭建了一个"教育拟态环境"。

不论是"楚门的世界"，还是"拟态环境"，它们都不是真实的世界。教育不是要帮着搭建一个"两耳不闻窗外事"的象牙塔，而是要在真实的世界中发生，要成为"楚门的世界"中那扇通向外界的门，打破人为构建的教育拟态环境，将孩子们拉回真实的世界。

你真的有"活在当下"的能力吗？

当我们说，"让教育在真实世界中发生"时，其实包含了时间和空间两个维度。从时间上看，指的是关注当下、活在当下。而从空间上看，则指的是真实的物理空间，而不是构建的教育拟态环境和虚拟网络空间。

很多人觉得，活在当下还不简单？我活着的每时每刻，都是当下。只要我想活在当下，那就一定可以活在当下。但其实，活在当下是一种态度和能力，而生活中，我们中的很多人并不具备这项能力。常常听到家长这样说：我家孩子现在还小，还在上小学，所以我很操心，等他上初中我就没那么累了；等到孩子上初中，父母又会想，等他上高中就好了……一直到上大学、工作、结婚、生子，无止无尽。

我们发现，当一个家长这么说的时候，他当下的状态一般都不会太好，他可能正充满了焦虑、不安、担心、忧虑。在他的潜意识里，当下所做的一切都是为未来做准备，未来是好的，是比当下更值得期盼的。这样的心理，容易使他对当下的生活视而不见，更多是活在对未来的憧憬中。他很难享受当下的生活，很难去欣赏孩子每天的成长，很难在与孩子的日常相处中感受到幸福。

但其实，没有事可以发生在过去，也没有事会发生在未来，任何事物都不能存在于当下时刻之外，只有投入到当下，在哪怕一件小事上感受活力和能力，我们才能体会到生命最本真的幸福。如果你一直心心念念的是孩子6年、12年后的样子，是孩子工作后乃至成才后的生活，你会对当下视而不见。如果每一天都只是为未来做准备，那你就无法拥有每一天。

真实不在远处，跟我们的日常相关。一日三餐、一粥一饭，跑过的步、爬过的山，孩子的撒娇、成长和偶尔的闯祸，你正在做的事、待的地方、一起工作和生活的人，这些都是当下的真实。把关注的焦点集中在这些人、事、物上面，而不是还没到来的远方，全心全意地去感受、去接纳、去体验这一切。不纠结于过去，不执着于未来，在日常之中，体会平和与喜悦。

保护孩子，是为了有一天他们不再需要保护

真实世界的空间维度，有两层含义：一方面，是跟"拟态环境"相对的"真实世界"，这个世界不是人为打造的，也不是与世隔绝的，它既有阳光和煦的一面，也有阴雨绵绵的时候，甚至不乏狂风暴雨，没有人为的过滤、筛选和美化。另一方面，真实的空间维度还意味着它不是虚拟的，不是网络的，不是架空的，而是真真实实的，与"虚拟的赛博空间"相对。

在现实生活中，我们看到不少父母以爱之名，用尽全力将孩子保护起来，把所有的"细菌""负面"都隔绝掉，把所有的危险都排除、屏蔽，只留给孩子一个纯净而美好的空间。但是，当我们说"要让孩子活在一个真实的世界中"时，不是指一个由父母亲人隔离出来的无菌真空地带，而是一个与外部世界有着共同生态的真实世界。它包括了所有的可能：危险诱惑、挫折失败、伤心难过、喜怒哀乐……它不仅有积极的一面，也有消极的一面。

我们之所以要保护孩子，是因为年幼的他们还没有能力来

面对这个世界给出的挑战。一开始，当孩子很小的时候，我们会给予他们最强保护，随着孩子的长大，我们对他们的保护力度逐渐降低。保护的目的，不是让他们看不见外面的世界，甚至给他们建立一个真空的、虚假的世界。而是在他们还不具备能力去独自面对这个真实世界的时候，给予他们支持，帮助他们培养在这个世界生存的能力。

地理上有一个"悬河"的概念，指的是河床高出两岸地面的河，比如黄河下游就是著名的悬河。悬河的形成，一方面是自然原因，另一方面其实也跟人为有关。人们不断在两岸筑堤，高高的堤坝在防洪的同时，也进一步抬高了河床，增加了悬河的危险性。其实我们在教育中，费尽心思为孩子搭建的过度保护，就是在孩子身边人为构筑了一条"悬河"。我们筑起高高的堤坝想保护孩子，现实却刚好相反，堤坝修得越高，身处河边的孩子反而越危险，一旦决堤，后果不堪设想。

真正帮助孩子们避免"决堤之患"的，不是无止境地搭建堤坝，而是在家长可控的安全范围之内，带孩子一起去面对"洪水"，让他们学会处理"水患"的方法，学会"君子不立于危墙之下"，学习正确面对潮起潮落，学会有时候"退一步海阔天空"……这样成长起来的孩子，相信他们在面对未来的世界时，将会更有勇气。

用"真实的世界"，来抵抗虚拟世界的冲击

当我们说真实的世界时，还意味着它不是虚拟的、不是网络的、不是架空的，而是真真实实的，是与"虚拟的赛博空间"相对的。

电子产品带来的网络世界正在深刻地影响并改变我们的生活，甚至形塑着我们的下一代。美国AVG网络安全公司曾对2200名母亲做了一项调查，她们来自欧美国家以及日本、澳大利亚和新西兰。结果表明：58%的孩子会玩电脑游戏，69%的孩子会用鼠标，而仅有39%的孩子知道自己的家庭住址，20%的孩子可以自己拨打紧急电话，能自己系鞋带的仅占11%。孩子们在网络世界越来越游刃有余，对简单的日常生活技能却越来越陌生疏离。

网络世界还会潜移默化地改变年轻一代的自我认同。越来越多的年轻人把大量精力花在社交网络上，为了收获别人的关注和点赞，不断粉饰自己的形象，调整自己的好恶，过度依赖别人的评价。许多真人秀和网络直播又给人一种错觉，认为只要运气好，就能一夜之间变成网红，而不需要付出太多努力。娱乐的外衣之下，物质主义、享乐主义和功利主义盛行，很多孩子沉溺其中，无法自拔。尼尔·波兹曼在《娱乐至死》一书

中发出了警告：因为电视、网络媒介的崛起，我们正在失去理性、秩序和逻辑性，变得肤浅、碎片化。

我们的孩子和教育，应该如何抵抗虚拟世界的冲击？我们心中的答案是：让教育回归真实的世界，让孩子们去体验、去经历、去生活。而父母要做的，是让他们有能力去做他们真正想做的事情，帮助孩子来找到和实现他们心中的理想。

西方有句谚语"养育一个孩子，需要一座村庄"，原本指的是社区或村庄，在养育孩子中的重要性。但我们也可以从另一个角度来看待"村庄"：这是一个真实的物理世界，一个完整的生态系统，里面有缺陷危险，也有温暖和帮助。村庄里有山有水有树，有怡人的风景，也有蛇有虫有危险。孩子们在其中自然生长，去探索去面对，自由自在。越是在今天的世界，在教育中保留这样一座"真实的村庄"，越具有意义。

"懂中国 懂世界"
是对未来最好的准备

一个常识

懂世界难，懂中国更难。

教育观点

世界各地区冲突、逆全球化、贸易保护，我们的学生将会生活在一个更加"割裂"、更难达成共识的世界，他们面临着如何应对不同文化和价值观冲突的挑战，也面临着如何深刻理解自己身份和民族认同的挑战。懂中国懂世界，是我们的学生应对未来世界的起点和前提。

"冷战"结束时，很多政治学者认为资本主义在意识形态竞争中胜出，将会一统天下，其中弗朗西斯·福山还写作了

《历史的终结与最后的人》来称赞"美好前景"。但他的老师塞缪尔·亨廷顿却没有那么乐观，他在《文明的冲突与世界秩序的重建》中表示：国家和地区之间的冲突战争依然不会停止，未来世界冲突将会是不同文明之间的冲突。在这本书出版五年后发生了"9·11"事件，随后美国对阿富汗发动了长年的战争，再看2020年之后的多场战争与冲突，似乎更加证明了亨廷顿的预言。

在可预见的未来，我们的学生将会生活在一个更加""割裂"、更难达成共识的世界。在那样的一个世界里，我们无法独美其美，独善其身。而懂中国懂世界，是我们的学生对应未来世界的起点和前提。

我们误以为，我们比较懂世界，因为我们与他们用同样的电子产品，穿类似的品牌，吃同样的汉堡，喝同样的可乐，看同一场演唱会，其实我们不太懂；我们以为至少我们懂中国，我们说汉语，写汉字，吃中餐，看中国小说、影视剧，其实我们也不太懂。真正的懂中国懂世界，是理解共性，尊重差异；是理解彼此的集体人格是什么，如何形成，有什么优势，有什么短板；是理解彼此的行为模式形成的前因后果；是保持独立的见解的同时，又换位思考。

懂中国，做愉悦丰盈的故乡人

不管我们承认与否，都有这样一个事实：我们都是特定文化的产物。我们的言行、思维方式、偏好、价值观等都会受到诸如文化、习俗、生活、个人经历、教育等因素影响，而我们的生活、教育、个人经历也同样是在特定的背景之下。简单地说，无论我们受到的教育是如何的现代化，我们如何学习宇宙普遍的规律法则，甚至无论我们的生活、服饰、饮食、思想如何与世界趋同，我们中国人仍然有自己的特殊性。

我们之所以是中国人，而不同于其他，是因为我们有着自己的文化传统，而这种文化几千年来影响着我们，不管我们是否察觉到它的存在，不管我们是否真正了解它究竟是什么，它都融入了我们骨子里，深刻影响、塑造着我们。如果我们想深刻地了解自己，想加深对自我的探索、突破，就必须去了解自己所处的文化，必须去认识中国，懂中国。

中国也值得我们去懂。中国，这片伟大土地，孕育出了伟大璀璨的文明。思考天地人，诸子百家齐鸣的哲学；以史为鉴，浩如烟淼的史学；诗词歌赋小说戏曲，流传数千年的文学；天下为公，忧国忧民的经世之学；独树一帜却又博大精深的医学、农学、天文、地理、艺术、科学。虽然曾历经屈辱磨难，但它至今屹立于东方，展现出磅礴生命力。能屹立于世界民族之林的民族，必然有着强有力的精神力量支撑，我们需要这种精神并传承下去。今天，我们依然将会受益于此。

只要了解自己，并清晰深刻认识和传承那些让我们内心安定又坚韧的品质与智慧，无论我们走得多远，身处何地，都不至于像是无根的浮萍。无论面对何种挑战和环境，我们都将心生力量，哪怕我们的征途是星辰大海，我们有了可以回头凝望的故乡。那是归家的感觉：暮色夕阳下，袅袅炊烟，在一粥一饭的温暖里，做愉悦丰盈的故乡人。

那懂中国的什么？懂中国的核心是要懂中国的传统哲学思想，懂儒、释、道的经典要义，这些也构成了中国文化的内涵。它们决定了中国人的价值观，影响着我们的行为方式、思维方式、决策方式。具体而言，比如可以从仁爱之心，变通之道，顺势而为，知行合一，这些思想去着手。

儒家思想要求的仁爱，引导我们爱亲人朋友，爱芸芸众生，再延伸到爱万物，几乎涵盖了对世间一切之爱，还要求我们宽容、尊重差异、公平待人。心生良善与悲悯，才是最强大的"武器"，是为人之根本。

变通之道同样深刻影响着我们中国人。变通之道，意味着要明白世间万物，不是非黑即白、非此即彼，而是具有两面性，相互包容转化，道家谓之阴阳。困难即意味着机遇，低谷之后是崛起，消亡中孕育着新生。学会善于换个视角看待事物和解决问题，不要墨守成规，而要穷则思变。

顺势而为告诉我们，一个人目标要坚定，但也要知进退。懂得顺应潮流，不要逆势而行。拥有判断大势之能力，在顺势中因势利导、乘势而上；在逆势中迂回蛰伏，等待时机出现。顺势而为，才能大有可为。

言行一致，知行合一，行到深处才是知。我们中国人常说知易行难，其实这不是真知。比如你知道"行善是好的"，但这不是真知，只有自己去行了善才知道内心是不是觉得它是好的。停留在口头上的道理，不意味着你真的懂得了这个道理，只有付诸实践，才算是真知。

懂世界，做理性宽广的异乡人

因为我们都是特定文化的产物，我们的价值观，并不是与生俱来的，会受到诸如文化、习俗、生活、个人经历、教育等因素影响。也就是说，我们的价值观里包含了情感，甚至产生一些根深蒂固的想法或者偏见，这些想法又会以重要的形式影响到我们看世界的方式，在思考和决策时，我们必须认识到自己的这种局限性。想要减少这些偏见和局限，我们必须去感受不同的价值观，去理解别人，也就是我们得去观世界，去懂世界。

虽然我们中国也有过封闭与自大。但事实上，数千年来，我们从未停止文化思想边界的探索，从古丝绸之路到"一带一路"，中华民族始终在开放、包容、融合中演进。我们传承着对未知的渴望。面对不同的文化与世界，我们只有主动去了解和探索，才不至于狭隘和无知。只有理解和尊重差异，才能与之良好的合作、共存、共进。更重要的是，任何文化都有其优秀一面，值得我们学习借鉴，用以帮助我们成长。

甚至从更深层次上讲，懂世界是一种世界观，教会我们如何认识及处理与未知和外界的关系。当有一天，我们面对的不再是西方文明而是外星文明之时，希望我们亦能够选择正确的方式。

那懂世界的什么？懂世界的核心是要懂西方世界的文明根基。不只是吸纳其科学知识，更重要的是要懂得西方社会的运行规则、思维方式。懂世界也要求学生必须从全球的视野去观察问题，包容不同的文化。也许好的教育是让学生具备扎实的哲科素养，拥有批判思维、契约精神以及全球视野。

总结起来，懂中国，赋予我们内心力量，给予我们处世的智慧，让我们在世间踏实而行；懂世界，向我们提供行走世间的方法准则，让我们能够眺望远方，行走无疆。所以，我们的教育，目标之一应该是培养懂中国懂世界的人。

图书在版编目(CIP)数据

教育的常识 / 许凌可 著 . -- 重庆：重庆大学出版社，2024.10(2025.4 重印). -- ISBN 978-7-5689-4822-7

Ⅰ.G63

中国国家版本馆 CIP 数据核字第 2024CX9339 号

教育的常识
JIAOYU DE CHANGSHI

许凌可　著
策划编辑:张菱芷　张慧梓
责任编辑:张慧梓　版式设计:张菱芷
责任校对:关德强　责任印制:张　策
*
重庆大学出版社出版发行
出版人:陈晓阳
社址:重庆市沙坪坝区大学城西路 21 号
邮编:401331
电话:(023)88617190　88617185(中小学)
传真:(023)88617186　88617166
网址:http://www.cqup.com.cn
邮箱:fxk@cqup.com.cn(营销中心)
全国新华书店经销
重庆升光电力印务有限公司印刷
*
开本:787mm×1092mm　1/32　印张:6　字数:111 千
2024 年 10 月第 1 版　2025 年 4 月第 2 次印刷
ISBN 978-7-5689-4822-7　定价:58.00 元

本书如有印刷、装订等质量问题,本社负责调换
版权所有,请勿擅自翻印和用本书
制作各类出版物及配套用书,违者必究